Giro d'Italia
Volume 1

Silvia Bertoni

Many people contributed to the project in different ways. Special thanks go to the Steering Committee of the Post-Primary Languages Initiative, to ITÉ and the NCCA for their support and guidance throughout the project; the teachers and pupils who piloted the book for their constructive comments: Aidan Farrell (Scoil Eoin, Athy), Maura McCarthy (St Joseph's College, Lucan), Máire O'Higgins and Ingrid Fallon (Larkin Community College, Dublin 1), Orlaith Scallan (Sancta Maria College, Ballyroan), Michael Galligan (St Thomas's Community College, Bray), Bridgid Galvin (Scoil Mhuire, Cork); Susanna Nocchi, Elisa Testoni, Laura Novati, Irma Volpe Í Chuív, Brian Ó Cuív, Shán Ó Cuív, Candy Fitzgibbon, Salvo Cacciato Insilla and Alessio Gemma for taking part in the recording of the CD; all the people who kindly allowed themselves to be photographed for the book; my friend Loredana Cappai for proofreading the book; Anne Clark for her invaluable support as a friend and as a member of the Italian sub-committee; all those who gave permission to reproduce copyright material: Alfa Romeo, Acquario di Genova, Bioparco di Roma, Dante Valenza, Settimanale Oggi, Cioè, La Gazzetta dello Sport, Corriere dello Sport, Tuttosport, Ferrari S.p.A., Pat Carra.

Author: Silvia Bertoni
Project Manager: David Barnwell (Institiúid Teangeolaíochta Éireann)
Design & layout: Patricia Leavey
Illustration: Brian Fitzgerald, Patricia Leavey
Photography: Alessandro Bertoni, Silvia Bertoni, Kieran Phillips

First published 2004
Published by The Department of Education and Science
as part of the Post-Primary Languages Initiative under the National Development Plan

ISBN: 0-9548677-0-X

UNITÀ PRELIMINARE - UNITÀ 5

	Titolo	Obiettivi	Grammatica	Vocabolario	Fonologia	Cultura	Il personaggio
Unità preliminare p. 1	Per cominciare	fare domande in classe; fare lo spelling	alfabeto; interrogativi: *cosa?*; *come?*	parole comuni in italiano; parole inglesi in italiano	le vocali	carta d'identità dell'Italia; San Marino e Vaticano	
Unità 1 p. 10	Come ti chiami?	chiedere e dire il nome; salutare; incontrare qualcuno per la prima volta; chiedere lo stato di salute e rispondere	presente di *stare*; formale/informale	i saluti	la lettera *c*	nomi e cognomi italiani; modi di salutarsi oltre che con le parole	
Unità 2 p. 19	Di dove sei?	chiedere e dire la nazionalità; dire da quale città si viene	maschile e femminile; accordo sostantivo/aggettivo; presente di *essere*; interrogativi: *di dove?*	paesi e nazionalità; cose tipiche di diverse nazionalità	la lettera *g*	le minoranze linguistiche in Italia; la Svizzera italiana	
Unità 3 p. 30	Quanti anni hai?	chiedere e dire l'età	presente di *avere*; interrogativi: *quanti?*	numeri 0-20	le lettere *b* e *p*	eventi importanti a una certa età	
p. 35	**Ripasso 1**						
Unità 4 p. 37	Dove abiti?	chiedere e dire dove abita una persona; chiedere e dire dov'è una città; esprimere la durata	presente dei verbi in *-are*; preposizioni *a/in*; *da* + espressione di tempo; interrogativi: *dove?*; *da quanto?*		i suoni *gli* e *gn*	i capoluoghi di ogni regione; i nomi italiani di alcune città straniere; quiz sulla conoscenza dell'Italia	
Unità 5 p. 46	Qual è il tuo numero di telefono?	chiedere e dire il numero di telefono e l'indirizzo	possessivi (1); interrogativi: *quale?*	numeri 21-100	le lettere *d* e *t*	numeri utili; come si scrive un indirizzo italiano	

UNITÀ 6-10

	Titolo	Obiettivi	Grammatica	Vocabolario	Fonologia	Cultura	Il personaggio
Unità 6 p. 54	Che lavoro fa?	chiedere e dire la professione	presente di *fare*; articolo determinativo singolare	professioni	la lettera *h*	cartelli e segnali; lavoretti; documenti italiani	
Unità 7 p. 63	La mia famiglia e altri animali	parlare della famiglia e degli animali; scrivere una lettera informale	plurale (anche articoli); possessivi (2); presente dei verbi in *-ere* e *-ire*; articolo indeterminativo (1)	i membri della famiglia; animali; i giorni della settimana	le lettere *m* e *n*	cartelli e segnali; la famiglia italiana; il bioparco; l'Acquario di Genova	San Francesco d'Assisi
p. 77	**Ripasso 2**						
Unità 8 p. 81	Bello e simpatico	la descrizione fisica e della personalità	accordo aggettivo/sostantivo; uso di *molto* con gli aggettivi; la posizione dell'aggettivo	alcune parti del corpo; segni zodiacali; aggettivi per descrivere l'aspetto fisico e la personalità	la lettera *q*	stereotipi; alcune espressioni idiomatiche con animali	Collodi e Pinocchio
Unità 9 p. 93	Cosa fai nel tempo libero?	esprimere la frequenza; esprimere i gusti; parlare del tempo libero	presente di *andare* e *uscire*; *andare* + prep. (1); uso di *molto* con i verbi; il verbo *piacere*; le parole in *-ema* e in *-ista*; avverbi di frequenza; possessivi (3)	passatempi; musica e strumenti; *giocare* e *suonare*	il suono *sc*	discoteche; i giovani italiani e il tempo libero; il Festival di Sanremo	i Gazosa
Unità 10 p. 109	W lo sport	parlare di sport	*giocare a*; *andare* + prep. (2); verbi in *-care* e *-gare*; articolo indeterminativo (2)	sport; luoghi dello sport	la lettera *z*	cartelli e segnali; lo sport in Italia; dossier calcio	Enzo Ferrari

iv

UNITÀ 11-15

v

Aisling

Paolo

Matteo

Elena

Marta

Abdul

Stefano

Chiara

Unità preliminare

Per cominciare...

In this unit you will learn about...
Italian places and products
Very common Italian words
English words in Italian
Some essential information about Italy

You will also learn how to...
Ask common questions that students
  frequently need to ask in class
Spell in Italian
Pronounce vowels

1

1 **Look at these photographs. They represent Italian places and products. Which ones do you already know? Do you know the Italian name for any of them?**

Ciabatta

Motorino – vespa

Cattedrale

uva - vino

Cinquecento

Pastone

Birra Pizza

La torre di Pisa

venezia

vino

Peperocino

Pomodoro

more

Affresco

Madonna del Città
coffe

Caffe Moka

Calcia

Cattedrale Duma
1 Milano

2 Look at these very common Italian words. Do you know what they mean? Work with a partner and have a guess!

Supermarket Supermercato   *zoo* ZOO   *City* CITTÀ   *traditional Resteraunt* Trattoria   *City square* PIAZZA

museim MUSEO   *station* STAZIONE   *train* TRENO   *Park* PARCO

Bank BANCA   *Pharmacey* FARMACIA   ~~Moter bike~~ *Scooter* MOTORINO   *transport Stop* FERMATA

Bus AUTOBUS   *Football* CALCIO   *Hotel* Hotel   *Camp-sight* Campeggio

School SCUOLA   *pub* PUB   *Airport* AEROPORTO   *church* CHIESA

Beer BIRRERIA   *Hotel* ALBERGO   *Libary* BIBLIOTECA   *cafe* BAR

Guest house / B&B PENSIONE   *Highway/motorway* AUTOSTRADA   Ristorante   CENTRO

TEATRO   METROPOLITANA   POLIZIA   STADIO

3 If you couldn't guess the meaning of some words, you'll want to know what they mean.

what does autobus mean?
Cosa significa autobus?

Bus

Practise asking your friends for the meaning of words. If nobody knows it, your teacher will tell you.

4 Now that you know the meaning of these words, are you sure about their pronunciation?

If not, you can point to a word and ask:

How Do you Pronounce
Come si pronuncia questo?

5 Now you want to know how to say some other words in Italian. Ask your teacher, who will write the words on the board:

Come si dice "book" in italiano?

Libro

6 Your teacher won't always write on the board. If you are not sure about the spelling of a word, you want to ask how to write it:

Come si scrive? how Do You write

7 So now you need to learn the Italian alphabet! Listen and repeat.

ABC
L'ALFABETO ITALIANO

A	a	N	enne
B	bi	O	o
C	ci	P	pi
D	di	Q	cu
E	e	R	erre
F	effe	S	esse
G	gi	T	ti
H	acca	U	u
I	i	V	vu
L	elle	Z	zeta
M	emme		

8 Did you notice that the Italian alphabet has only 21 letters? Nevertheless, Italians also use five foreign letters. Listen and repeat.

LETTERE STRANIERE

J	i lunga
K	cappa
X	ics
W	vu doppia
Y	ipsilon/i greca

5

9 Sometimes you will find that you don't understand something or don't know the answer. Don't panic!!

If you don't understand what your teacher says, don't be shy, just ask

Può ripetere, per favore?

If you still don't understand, just say

Non capisco

If you can't answer a question, just say

Non lo so

10 Did you know that Italian has "stolen" a lot of words from English? This will make learning the language much easier for you!

Look at the words and listen carefully. You will notice that the Italian pronunciation of the English words is slightly different!

TAXI	BAR	STRESS	MANAGER	FLASH
POP	GOLF	FILM	SPORT	SHOPPING
LOOK	JUKE-BOX	PART TIME	HOTEL	SELF-SERVICE
COCKTAIL	ROCK	SLOGAN	CHECK-IN	HIT-PARADE
RUGBY	QUIZ	LEADER	MEETING	BOOM
SNOB	CAST	KILLER	DETECTIVE	DJ
POSTER	SPONSOR	WEEK-END	SOFTWARE	
HOBBY	PICNIC	TENNIS	DRINK	
	COMPUTER	HI-FI	FAN	

The first thing you are going to notice about Italian is the number of vowels.

a Listen and repeat the vowels individually:

a e i o u

b Now listen and repeat the following words:

| amore | edicola | Italia | olio | unico |
| alto | elefante | idea | onda | utile |

Lo sapevi che...?

Carta d'identità dell'Italia

Popolazione
circa 58 milioni

Forma di governo
repubblica parlamentare

Capitale
Roma

Regioni
20

Religione
maggioranza cattolica

Forma
stivale

Quiz!!

1. Why is the map in three different colours?
2. Look at the map carefully: which region is the smallest, which the largest?

All'estero in Italia

In Italia ci sono due Stati indipendenti:
la Repubblica di San Marino e la Città
del Vaticano.

La Repubblica di San Marino

Data di nascita: iv secolo a.C.
Caratteristica principale:
la repubblica più antica del mondo
Dove: tra la Romagna e le Marche
Abitanti: circa 25.000

La Città del Vaticano

Data di nascita: 1929
Caratteristica principale:
lo Stato più piccolo del mondo
Dove: Roma
Abitanti: circa 1000
Capo: il Papa
Giornale: L'Osservatore Romano
Radio: Radio Vaticana
Museo famoso: Musei Vaticani
Sicurezza: Guardie Svizzere

Parole importanti

Parole varie

aeroporto	airport
albergo	hotel
autobus	bus
autostrada	motorway
banca	bank
bar	cafe
biblioteca	library
birreria	pub
calcio	football
campeggio	campsite
centro	centre
chiesa	church
città	city
farmacia	pharmacy
fermata	bus stop
hotel	hotel
metropolitana	underground
motorino	scooter
museo	museum
parco	park
pensione	guest house
piazza	square
polizia	police
pub	pub
ristorante	restaurant
scuola	school
stadio	stadium
stazione	station
teatro	theatre
treno	train
trattoria	restaurant (more informal)
zoo	zoo

Parole nella sezione "Fonologia"

amore	love
edicola	newsagent
Italia	Italy
olio	oil
unico	unique
alto	tall, high
elefante	elephant

idea	idea
onda	wave
utile	useful

Parole nella sezione "Lo sapevi che"

all'estero	abroad
data di nascita	date of birth
popolazione	population
forma di governo	form of government
capitale	capital city
mondo	world
regione	region
religione	religion
forma	shape
stivale	boot

Unità 1

Come ti chiami?

In this unit you will learn about...
Italian names
Greetings and introductions

You will also learn how to...
Ask and say someone's name
Meet someone for the first time
Ask and say how someone is
Address someone informally and formally
Say the present tense of the verb "stare"
Pronounce the letter "c"

Ascolta il dialogo

Listen to the dialog

- Ciao, io mi chiamo Elena. Tu come ti chiami?

  I / *you*

- Mi chiamo Aisling. E tu come ti chiami?
- Mi chiamo Paolo. Piacere e benvenuta in Italia.

  welcome to Italy

Pratica 1

a Alzati e pratica con i compagni

Ciao, io mi chiamo _____. Tu come ti chiami?

Mi chiamo _____. Piacere.

c Leggi e scrivi

Anna   Ciao, ___io___ mi chiamo Anna.

Tu come ti ___Chiami___?

Carlo   ___io mi___ chiamo Carlo.

E tu, ___Come___ ti chiami?

Flavia   Mi ___Chiamo___ Flavia.

b Parla con un compagno

Try having the following conversation with a few friends to practise the spelling of your name and taking down words.

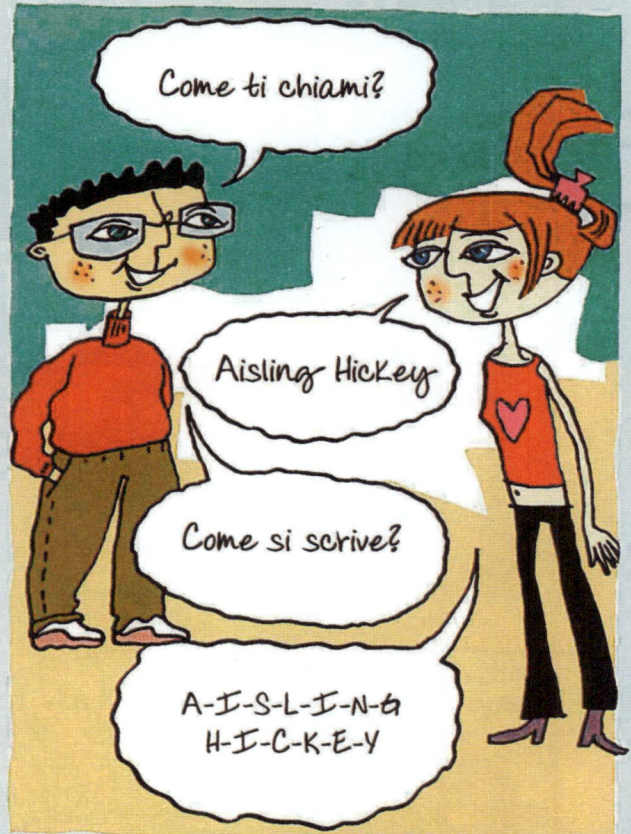

Come ti chiami?

Aisling Hickey

Come si scrive?

A-I-S-L-I-N-G H-I-C-K-E-Y

11

Guarda le vignette

a Look at how Italians say **hello** when they meet:

b Now look at how the same people say **goodbye**:

There is only **one** word to say **good night** in Italian:

Buonanotte mamma

Buonanotte Elena

Buonanotte signora Baroni

Look at the following cartoons and decide how people greet one another.

19:30

Incontro 3

Ascolta i dialoghi

(i) Ciao Aisling, come stai?
Bene grazie, e tu?
Molto bene!

(ii) Ciao Abdul, come stai?
Male
Mi dispiace

(iii) Buongiorno signora Anselmi, come sta?
Non c'è male, e Lei?
Sto abbastanza bene, grazie.

(iv) Ciao Matteo, come stai?
Buongiorno signor Carini! Sto bene, grazie, e Lei?
Benissimo, grazie

(v) Ciao, ragazzi, come state?
Non c'è male, e voi?
Così così

When do you ask "come stai?", when "come sta?" and when "come state?"

13

Pratica 3

a Ascolta e completa

(i)
Matteo	_____ Paolo, _____ stai?
Paolo	Bene, _____ , e _____?
Matteo	Non c'è _____. Come _____ Marta?
Paolo	_____!

(ii)
Signora Farina	_____ Signor Piva, _____ sta?
Signor Piva	Abbastanza bene, e _____?
Signora Farina	_____ c'è male, _____.

b Tu o Lei?

Decide whether you would use "tu" or "Lei" in the following situations and tick the right box:

	Tu	Lei		Tu	Lei
your pen pal	☐	☐	the doctor	☐	☐
your brother	☐	☐	your uncle	☐	☐
the principal	☐	☐	your mother's best friend	☐	☐
your sister's friend	☐	☐	a shopkeeper	☐	☐
a traffic warden	☐	☐	a school friend	☐	☐

Cerca le parole

Can you find 10 words you know in the grid?   Let's see who gets there first!

C	D	G	B	E	N	E	X	M	M	G	R	A	Z	I	E	Y	M	U	I
I	O	R	U	P	S	I	C	Y	A	S	A	B	L	A	Y	F	O	G	H
A	F	C	O	M	E	K	W	Q	L	D	X	B	K	P	R	R	L	M	S
O	F	Q	N	Y	D	P	Z	W	E	F	C	A	J	O	P	S	T	M	C
L	T	W	G	Y	F	L	F	E	U	G	V	S	W	Y	U	M	O	I	P
S	T	A	I	I	G	A	H	R	I	H	B	T	H	I	G	C	A	F	G
S	Y	R	O	P	H	Z	J	T	O	J	N	A	G	U	R	R	F	M	A
T	V	U	R	M	K	X	M	U	P	K	M	N	F	Y	L	P	E	P	A
Z	B	E	N	I	S	S	I	M	O	L	L	Z	D	T	M	M	I	V	G
C	V	O	O	A	H	B	N	Y	A	Z	P	A	S	R	W	G	L	K	S

Fonologia

Ascolta e ripeti   *la lettera "c"*

casa	come	cura	parco	banca	scuola
centro	ciao	città	cinema	calcio	dispiace
che	anche	perché	chiesa	chiamo	richiesta

How many sounds can you hear for the letter "c"? Can you work out a pattern? Discuss it with a partner and then with the rest of the class and your teacher.

Ascolta e scrivi le parole

_____

_____

_____

_____

_____

a Look at the photographs. Do you notice anything strange?

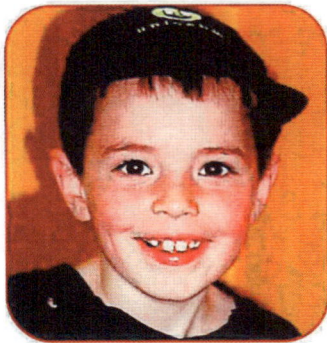

Mi chiamo Andrea

Mi chiamo Nicola

b You have learnt how to say **hello** and **goodbye** in Italian, but Italians are famous for accompanying words with gestures. Let's see…

Boys and girls kiss one another twice on the cheeks, both when they meet and when they part. There is a lot of kissing in Italian schools every day!

Girls also kiss one another twice on the cheeks.

Boys don't kiss one another, but they make some physical contact by touching an arm or shoulder.

Men and women who know one another kiss twice on the cheeks, and so do women.

Men shake hands, and so do men and women who don't know one another well.

16

◄ Cerca il tuo cognome

Are you curious to know if there are people in Italy with your surname? There is a website where you can find it out!

L'Italia dei cognomi

http://gens.labo.net/it/cognomi/

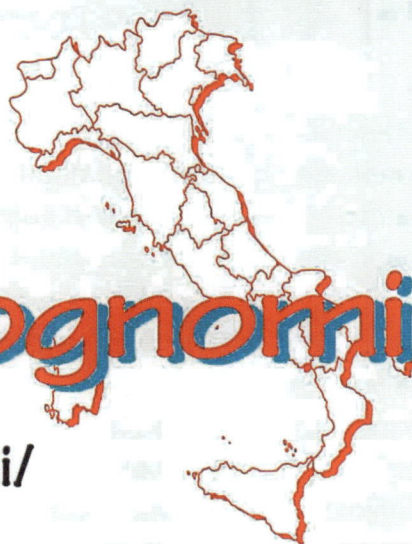

Facciamo il punto

You'll find this section at the end of each unit. It shows you a summary of the main functions and vocabulary you've learned and it gives you an opportunity to revise them.

Now you can:

Say your name	Mi chiamo….
Ask for someone's name	Come ti chiami?
Say "nice to meet you"	Piacere
Say hello	Ciao (informal)
	Buongiorno (formal, in the morning)
	Buonasera (formal, in the evening)
Say goodbye	Ciao (informal)
	Arrivederci (formal)
Say goodnight	Buonanotte (formal and informal)
Ask how someone is	Come stai? (informal)
	Come sta? (formal)
Say how you are	(Sto) bene
	benissimo
	abbastanza bene
	male
	malissimo
	così così
	Non c'è male
Thank someone	Grazie
Say you're sorry	Mi dispiace

Grammatica

These are the different "persons" in Italian:

io	I
tu	you (informal)
Lei	you (formal)
lui	he
lei	she
noi	we
voi	you (plural)
loro	they

The present tense of the verb "stare"

(io) sto
(tu) stai
(Lei) sta
(lui) sta
(lei) sta
(noi) stiamo
(voi) state
(loro) stanno

17

Parole importanti

Saluti

arrivederci	goodbye
buonanotte	good night
buonasera	good evening
buongiorno	hello, good morning
ciao	hello, goodbye
piacere	nice to meet you

Parole varie

abbastanza	quite
bene	well
benissimo	very well
così così	so so
grazie	thank you
male	bad
malissimo	very bad
mi dispiace	I'm sorry
non c'è male	not too bad

Verbi

stare	to be, to stay

Parole nuove nella sezione "Fonologia"

anche	also
casa	house
che	that, which
cinema	cinema
come	how
cura	cure, care
perché	why, because
richiesta	request

Unità 2

Di dove sei?

In this unit you will learn about…
Countries and nationalities
Language minorities in Italy
The Italian-speaking area of Switzerland

You will also learn how to…
Ask and say someone's nationality
Recognise whether a word is masculine or feminine
Make a noun agree with an adjective (singular)
Say the present tense of the verb "essere"
Pronounce the letter "g"

Ascolta i dialoghi

(i) **Elena**   Di dove sei, Aisling?
    Aisling   Sono irlandese, di Dublino, e tu?
    Elena   Di Roma
    Aisling   E tu Paolo, di dove sei?
    Paolo   Sono di Roma anch'io
    Aisling   Di dov'è Abdul?
    Paolo   È di Marrakech

(ii) **Signora Farina**   Signor Rodriguez, Lei di dov'è?
    Signor Rodriguez   Sono spagnolo,
    di Madrid, e Lei?
    Signora Farina   Sono italiana,
    di Pescara.

Occhio alla parola!

anch'io significa "me too"

Occhio alla lingua!

Di dove...?   Where from?
Sono **di** Roma

Occhio alla lingua!
The present tense
of the verb

ESSERE
(io) sono
(tu) sei
(Lei) è
(lui/lei) è
(noi) siamo
(voi) siete
(loro) sono

**TRENTINO
-ALTO ADIGE**
● *Trente*

FRIULI-VENEZIA GIULIA

● *Aosta*
VALLE D'AOSTA

LOMBARDIA
● *Milano*

VENETO
● *Venezia*

● *Trieste*

● *Torino*
PIEMONTE

LIGURIA
● *Genova*

EMILIA ROMAGNA
● *Bologna*

● *Firenze*

TOSCANA

● *Ancona*
MARCHE

● *Perugia*
UMBRIA

● *Pescara*
ABRUZZO

LAZIO
● *Roma*

MOLISE
● *Campobasso*

CAMPANIA
● *Napoli*

PUGLIA ● *Bari*

● *Potenza*
BASILICATA

SARDEGNA

● *Cagliari*

CALABRIA
● *Catanzaro*

● *Palermo*

SICILIA

**Completa i dialoghi e trova le
città sulla mappa**

(i) Di <u>dove</u> sei? <u>Sono</u> di Milano

(ii) <u>Di</u> dov'è Angela? <u>Lei</u> di Palermo

(iii) Carlo e Marco, di dove <u>siete</u>? _____ di Napoli

(iv) Di _____ sono Antonio e Luisa? _____ di Bari

21

a **Scrivi i Paesi**

Francia	Spagna	Portogallo
Giappone	~~Italia~~	Germania
~~Australia~~	~~Irlanda~~	Olanda

Australia

Italia

_____

Irelanda

Francia

Olanda

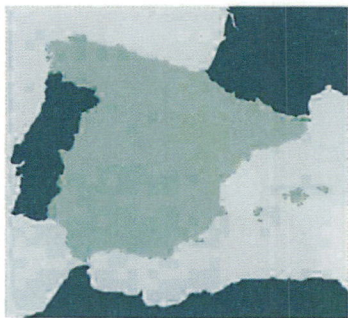

_____

Germania

~~Portogallo~~ *Giappone*

b **Now listen and repeat the names of the countries**

Lorenzo è italiano Luisa è italiana Michael è americano Rose è americana

Conor è irlandese Aoife è irlandese Michel è francese Sophie è francese

What do you notice about writing nationalities in Italian? Try to work it out with a partner, then discuss it with the rest of the class and your teacher.

Vocabolario

Can you match the country with its nationality?

The names are not too different from English!

Italia	francese
Australia	australiano/a
Portogallo	italiano/a
Grecia	portoghese
Francia	inglese
Inghilterra	greco/a
Brasile	svedese
Argentina	spagnolo/a
Svezia	austriaco/a
Finlandia	brasiliano/a
Spagna	finlandese
Scozia	argentino/a
Svizzera	scozzese
Austria	svizzero/a

Attenzione! Germania tedesco/a
Belgio belga

a These images reflect aspects of life in various parts of the world. Do you know the word for each of them? If you don't, ask your teacher, who will then write the words on the board.

b Now can you give the nationality that goes with these words? Working with a partner, write phrases such as "uomo italiano", "donna italiana".

Maschile	Femminile
_____	_____
_____	_____
_____	_____
_____	_____
_____	_____
_____	_____
_____	_____
_____	_____
_____	_____
_____	_____

Fonologia

a Ascolta e ripeti   *la lettera "g"*

gamba	albergo	Liguria	dialogo	gara	guanto
gelato	giardino	gita	mangiare	giovane	angelo
portoghese	Ungheria	Margherita	Inghilterra	unghia	laghi

How many sounds can you hear for the letter "g"? Can you work out a pattern? Discuss it with a partner and then with the rest of the class and your teacher.

b Ascolta e scrivi le parole

_____

_____

_____

_____

_____

a If you think Italians only speak Italian, you are wrong!
Look at the map and see how many languages are spoken in Italy!

sardo: circa 1.400.000, in Sardegna

ladino: circa 30.000, in Trentino-Alto Adige e Veneto

friulano: circa 700.000, in Friuli-Venezia Giulia e Veneto

tedesco: circa 300.000: 270.000 in Alto Adige e il resto in Friuli e Veneto

sloveno: circa 100.000, in Venezia Giulia

provenzale: circa 200.000, in Piemonte, Liguria e Calabria

francese e franco-provenzale: circa 90.000, in Piemonte, Valle d'Aosta e un po' in Puglia

albanese: circa 260.000 in Abruzzo, Campania, Basilicata, Puglia, Molise, Calabria e Sicilia

greco: circa 20.000, in Puglia e Calabria

catalano: circa 15.000, in Sardegna (zona di Alghero)

serbo-croato: circa 3.500, nel Molise

E in Irlanda?

b L'italiano è la lingua ufficiale dell'Italia e del Canton Ticino in Svizzera.

Guarda la mappa

CARTA D'IDENTITÀ DEL TICINO

Capitale: Bellinzona

Città più grande: Lugano

Popolazione: circa 300.000

Lingua: italiano

AIROLO
FAIDO
ACQUAROSSA
BIASCA
MAGGIA
LOCARNO
BELLINZONA
ASCONA
BRISSAGO
VIRA
LAGO MAGGIORE
LUGANO
MELIDE
MENDRISIO
CHIASSO

L'italiano è parlato anche negli Stati Uniti (circa 1,3 milioni), in Brasile, in Argentina (circa 1 milione) e in Canada.

Facciamo il punto

Now you can:

Ask for someone's nationality	Di dove sei? (informal)
	Lei di dov'è? (formal)
	Di dov'è Paolo?
Say where you are from	Sono italiano, di Rimini
Say where someone is from	Aisling è irlandese, di Dublino
Say "me too"	Anch'io
Say countries and nationalities	
Recognise if a noun is masculine or feminine	

27

Grammatica

a The present tense of the verb "essere" (to be)

(io) sono
(tu) sei
(Lei) è
(lui) è
(lei) è
(noi) siamo
(voi) siete
(loro) sono

b Asking and saying where someone is from

Di dove	sei?

Sono	italiano,	**di**	Roma

c Adjectives for nationalities

All adjectives must agree with the gender (masculine or feminine) of the noun they refer to.

• Adjectives in – **o** (e.g. italiano, australiano etc.)

Masculine	Feminine
uomo italiano	donna italiana

• Adjectives in – **e** (e.g. irlandese, francese etc.)

Masculine	Feminine
uomo irlandese	donna irlandese

d Masculine or feminine?

• Nouns ending in – **o** are nearly always masculine (libro, treno, stadio)

• Nouns ending in – **a** are generally feminine (casa, scuola, piazza)

• Nouns ending in – **e** can be either masculine or feminine:

(you'll learn them with time and practice!)

For example, "ristorante" is masculine, but "stazione" is feminine.

• Nouns ending in a consonant are generally masculine (sport, computer, quiz).

28

Homework Learn

Nazional[i]

american[o]	American
argentino	Argentinian
austriaco	Austrian
belga	[Belgian]
brasiliano	[Brazil]ian
finladese	[Finni]sh
francese	[Fren]ch
greco	[Gr]eek
inglese	English
irlandese	Irish
italiano	Italian
scozzese	Scottish
spagnolo	Spanish
svedese	Swedish
svizzero	Swiss
tedesco	German

Paesi

Argentina	Argentina
Australia	Australia
Austria	Austria
Belgio	Belgium
Brasile	Brazil
Finlandia	Finland
Francia	France
Germania	Germany
Giappone	Japan
Grecia	Greece
Inghilterra	England
Irlanda	Ireland
Italia	Italy
Olanda	Holland
Portogallo	Portugal
Scozia	Scotland
Spagna	Spain
Svezia	Sweden
Svizzera	Switzerland

Verbi

essere	to be

Parole varie

birra	beer
cane	dog
computer	computer
donna	woman
giraffa	giraffe
lingua	language
macchina	car
mappa	map
mulino	windmill
orologio	watch
ponte	bridge
statua	statue
telefonino	mobile phone
torre	tower

Parole nuove nella sezione "Fonologia"

gamba	leg
dialogo	dialogue
gara	competition
guanto	glove
gelato	ice-cream
giardino	garden
gita	trip
mangiare	to eat
giovane	young
angelo	angel
Ungheria	Hungary
unghia	nail
laghi	lakes

Altre parole ed espressioni

di dove?	where from?

Unità 3

Quanti anni hai?

In this unit you will learn about…
Ages that are significant in Italian life

You will also learn how to…
Ask and say someone's age
Count up to 20
Say the present tense of the verb "avere"
Pronounce the letters "b" and "p"

ⓐ Ascolta e ripeti *Quanti anni hai?*

Ho dodici anni

Ho diciassette anni

Ho diciotto anni

Ho quindici anni

Occhio alla lingua!

To ask and say someone's age in Italian, the verb "avere" (to have) is used.

AVERE
(io) ho
(tu) hai
(Lei) ha
(lui/lei) ha
(noi) abbiamo
(voi) avete
(loro) hanno

ⓑ Leggi, ascolta e ripeti

0	1	2	3	4	5	6
zero	uno	due	tre	quattro	cinque	sei

7	8	9	10	11	12	13
sette	otto	nove	dieci	undici	dodici	tredici

14	15	16	17	18	19	20
quattordici	quindici	sedici	diciassette	diciotto	diciannove	venti

Pratica 1

ⓐ **Ascolta e segna i numeri che senti** ✓

12	8	19	1	16
3	14	17	5	11
9	15	2	10	18
7	3	13	4	20

b Quanti anni ha?

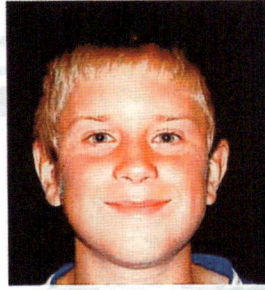

Ha quattro anni

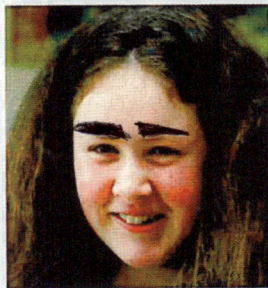

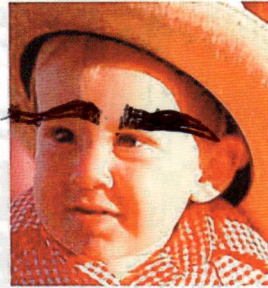

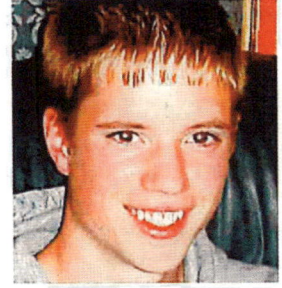

c Un po' di matematica!

Do the operations as in the example:

2 + 2 = quattro
3 + 8 = undici
4 ÷ 2 = due
18 ÷ 3 = sei
20 – 6 = quattordici
16 – 6 = dieci
5 × 4 = venti
6 × 3 = diciotto

d Guess the numbers that come next and write them in words!

2	4	6	otto
5	10	20	25	trenta
20	15	10	cinque
10	13	11	14	
8	4	12	

Fonologia

a Ascolta e ripeti le lettere "b" e "p"

| libro | ape | pane | bar | pino | parco |
| banca | sport | Dublino | computer | bravo | patata |

b Ascolta e segna le parole ✓

B/P	1	2	3	4	5	6	7	8	9	10
B										
P										

A lot of people have very similar experiences in life, but the age they have them at can vary from country to country. Let's see what happens in Italy...

3 comincia la scuola materna

6 comincia la scuola primaria

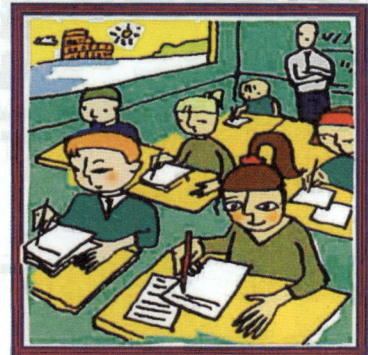

11 finisce la scuola primaria

14 esame scuola media

14 età per guidare il motorino

16 età per guidare la moto

18 età per votare

18 età per guidare la macchina

19 esame di maturità (equivalente del Leaving Certificate)

Now you can: Ask someone's age   Quanti anni hai? (informal)
                                         Quanti anni ha Paolo?

                     Say how old you are   Ho dodici anni

                     Say how old someone is   Aisling ha tredici anni

                     Count from 1-20

Grammatica

a) The present tense of the verb "avere" (to have)

(io) ho

(tu) hai

(Lei) ha

(lui) ha

(lei) ha

(noi) abbiamo

(voi) avete

(loro) hanno

b) Asking and saying how old one is

In Italian, to ask someone's age the verb "avere" is used. If you want to give someone's age, you use the right person of the verb "avere" + the number of years.

Quanti	anni	hai?	

Ho	dodici	anni	

Paolo	ha	tredici	anni

Parole importanti

Verbi

avere	to have

Parole nuove nella sezione "Fonologia"

libro	book
ape	bee
pane	bread
porta	door
bravo	good
patata	potato

Parole varie

età	age
numero	number

Altre parole ed espressioni

quanti?	how many?

34

Ripasso 1

1 Ascolta e scrivi le parole

a _____
b _____
c _____
d _____
e _____

2
Dictate the spelling of some words you know to a friend and then check if she or he wrote them correctly!

3 Anagrammi
Put the letters in the right order!

ULASCO	Scuola (sh)
UBOSTUA	Autobus (bus)
RENTOC	Centro città City centre
NIMACE	Cinema cinema
LAICOC	Calcio
ORNIOTOM	motorino (Scooter)

4 Ascolta e segna i nomi che senti ✓

Chiara   Lorenzo   Eleonora

Michele   Sofia   Carlo

Isabella   Marco   Lucia

5 Completa il dialogo
Write the questions!

D _____
R Aisling Hickey

D _____
R A-I-S-L-I-N-G H-I-C-K-E-Y

D _____
R Sono irlandese, di Dublino

D _____
R Ho tredici anni

6 Ascolta e completa le schede

a Nome Paola
Cognome _Costa_
Nazionalità _____
Età _____

b Nome _Franco_
Cognome Santini
Nazionalità _____
Età _____

c Nome _clare_
Cognome _O brien_
Nazionalità irlandese
Età _venti_

d Nome _Luke_
Cognome _BLAKE_
Nazionalità _____
Età quattordici

7 Completa i fumetti

Ciao, Stefano

_____

Bene, grazie, e tu?

_____

_____

Buongiorno, Signora,
_____

Bene, grazie,
_____

c Tu quanti anni _____ ?

d Carlo e Giorgio _____ 15 anni.

e Voi quanti anni _____ ?

f Noi _____ 13 anni.

(ho) (avete) (abbiamo)

(ha) (hai) (hanno)

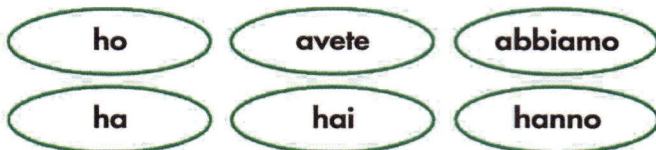

11 Ascolta e scrivi

Write the numbers your teacher says. Write them in figures.

_____   _____

_____   _____

_____   _____

_____   _____

_____   _____

_____   _____

8 "Essere" o "stare"? Completa con la forma corretta dei verbi

a Io _____ bene, e tu come _____ ?

b Mia madre _____ francese.

c Paola e Luca _____ benissimo.

d Eleonora _____ così così.

e Cosmas e Irene _____ greci.

f Voi _____ bene?

9 Qual è l'intruso? Perché?

Mario	Letizia	Eugenio	Massimo
Giulia	Laura	Andrea	arrivederci
ciao	Elisa	treno	buonasera
stadio	libro	scuola	buongiorno

10 Completa con la forma corretta del verbo "avere"

a Anna _____ 16 anni.

b Io _____ 12 anni.

12 Ascolta

You will hear six short conversations. Say what the speakers are doing by putting the number of the conversation in the right box.

They are saying hello ☐

They are saying their names ☐

They are saying their age ☐

They are saying their nationality ☐

They are saying how they are ☐

They are saying goodbye ☐

Parole importanti

Parole varie

| cognome | surname |
| nome | name |

36

Unità 4

Dove abiti?

In this unit you will learn about…
The regions of Italy and their capital cities
The Italian name for some foreign cities

You will also learn how to…
Ask and say where someone lives
Use some prepositions
Say where a place is
Say for how long you've been doing something
Say the present tense of the verbs ending in -are
Pronounce the sounds "gli" and "gn"

a *Dove abiti?*

Abito in Irlanda, a Dublino

Abito in Inghilterra, a Londra

Abito in Svezia, a Stoccolma

Abito in Francia, a Parigi

Abito in Portogallo, a Lisbona

Abito in Germania, a Berlino

Abito in Svizzera, a Zurigo

Abito in Grecia, ad Atene

Occhio alla lingua!

Abito **in** Irlanda (with a country)
Abito **a** Dublino (with a city)

b Ascolta il dialogo

Elena	Dove abiti, Aisling?
Aisling	A Dublino
Elena	Dove?
Aisling	A Lucan

Occhio alla lingua!

Abito **a** Lucan (with an area)

Occhio alla lingua!

The present tense of the verbs ending in -are

ABIT**ARE**
(io) abit**o**
(tu) abit**i**
(Lei) abit**a**
(lui/lei) abit**a**
(noi) abit**iamo**
(voi) abit**ate**
(loro) abit**ano**

www.chatta.it

- Dove abiti?
- A Napoli
- Dov'è?
- In Campania

Occhio alla lingua!

Dove è = Dov'è
Dov'è Napoli?
In Campania (with regions)

Pratica 1

a **Alzati e parla con i compagni**

Interview some of your classmates as in the dialogue above and fill out the grid:

Nome	Quartiere

b Now work with a partner and ask each other where some other classmates live, as in the example:

"Dove abita Aisling?"
"A Lucan"

You can fill this grid:

Nome	Quartiere

39

◄ Dov'è....? Trova la città! 🔍

Palermo è in *Dov'è Palermo?* **Sicilia** ✓

Dov'è Potenza? **Basilicata**
Potenza è in

Dov'è Cagliari? **Sardegna**
Cagliari è in

Dov'è Milano? **Lombardia**
Milano è in

Dov'è Catanzaro? **Calabria** e in
Catanzaro

Dov'è Perugia? Perugia in **Umbria**

Dov'è Trieste? **Friuli Venezia Giulia**

Dov'è Bologna? **Emilia Romagna**

Dov'è Torino? **Piemonte**

Dov'è Bari? **Puglia**

Dov'è Firenze? **Toscana**

Dov'è Genova? **Liguria**

VALLE D'AOSTA · Aosta
PIEMONTE · Torino
LOMBARDIA · Milano
TRENTINO -ALTO ADIGE · Trente
VENETO · Venezia
FRIULI-VENEZIA GIULIA · Trieste
LIGURIA · Genova
EMILIA ROMAGNA · Bologna
· Firenze
TOSCANA
UMBRIA · Perugia
MARCHE · Ancona
LAZIO · Roma
ABRUZZO · Pescara
MOLISE · Campobasso
CAMPANIA · Napoli
PUGLIA · Bari
BASILICATA · Potenza
SARDEGNA · Cagliari
CALABRIA · Catanzaro
SICILIA · Palermo

d Look at dialogue **b** on page 38 and imagine Elena is talking to Signora Anselmi. Can you rewrite the dialogue in the polite form?

Elena _____

Signora Anselmi _____

Elena _____

Signora Anselmi _____

e The verbs **parlare** (to speak), **studiare** (to study) and **telefonare** (to telephone) are mixed up. Can you put them in order and fill out the grid?

studi	telefoniamo	parlate	telefono	studia	studiano
telefonate	parlo	telefona	studio	parli	studiamo
telefoni	parla	telefonano	studiate	parliamo	parlano

	PARLARE	STUDIARE	TELEFONARE
Io			
Tu			
Lei/lui/lei			
Noi			
Voi			
Loro			

Incontro 2

Sono di Marrakech, ma abito a Roma

Da quanto tempo abiti a Roma?

Da dieci anni

Occhio alla lingua!

Da quanto tempo abiti a Cork?
Da tre anni

41

Ascolta e riempi la griglia

	Dove?	Da quanto tempo?
1	Milano	2 anni
2		
3		
4		
5		
6		
7		
8		

Fonologia

a **Ascolta e ripeti** *I suoni "gli" e "gn"*

Puglia	Cagliari	aglio	figlio	luglio	miglio
Sardegna	Bologna	compagno	disegno	giugno	ogni

b **Ascolta e scrivi le parole**

_____

_____

_____

_____

_____

Test your knowledge of Italy!

Quiz!!

The capital of Italy is

Rome ☐
Milan ☐
Florence ☐

Which region is the shape of a triangle? _____

Which region is the toe of the boot? _____

Which region is the heel of the boot? _____

In which region is the city of Florence? _____

Name one region which is not touched by the sea _____

In which city is the most famous Italian tower? _____

Which city is built on water? _____

In which city does the Pope live? _____

Which city is the football team Juventus from? _____

Which is the biggest lake in Italy? _____

Now you can:	Ask where someone lives	Dove abiti?
		Dove abita Paolo?
	Say where you live	Abito a Dublino
	Ask where something is	Dov'è...?
	Say where a place is	Dublino è in Irlanda
		Milano è in Lombardia
	Ask how long someone has been doing something	Da quanto tempo...?
	Say how long someone has been doing something	Abito a Cork da tre anni
		Marco studia inglese da un anno

Grammatica

a The present tense of the verbs in -are

In Italian there are 3 groups of regular verbs, ending in -are, -ere, and -ire. Let's look at the first group.
To form the present tense of the regular verbs in -are, you simply drop the -are ending and add the appropriate ending for each person (-o, -i, -a, -iamo, -ate, -ano).

ABITARE

(io) abito
(tu) abiti
(Lei) abita
(lui) abita
(lei) abita
(noi) abitiamo
(voi) abitate
(loro) abitano

b Asking and saying where someone lives

| Dove | abiti? |
| | abita, Signora? |

| Abito | in | Irlanda Italia |
| Abito | a | Dublino Roma |

c Asking where a place is

| Dov'è | Londra? |
| | Torino? |

d Saying where a place is

Londra	è	**in**	Inghilterra
Torino			Piemonte

e Asking how long someone has been doing something

Da quanto tempo	abiti a Dublino?
	studi l'italiano?

f Saying how long someone has been doing something

To say how long someone has been doing something in Italian, you just use the present tense of the verb, followed by "da", followed by an expression of time.

Abito a Dublino	**da**	sei anni
Studio l'italiano		due mesi
Chiara abita a Roma		tre anni

Parole importanti

Verbi

abitare	to live
parlare	to speak
studiare	to study
telefonare	to telephone

Altre parole ed espressioni

da quanto tempo	how long?
dove	where
dov'è?	where is?

Parole nuove nella sezione "Fonologia"

aglio	garlic
compagno	friend, partner
disegno	drawing, illustration
figlio	son
giugno	June
luglio	July
miglio	mile
ogni	each

Unità 5

Qual è il tuo numero di telefono?

In this unit you will learn about…
Telephone numbers
Useful numbers in Italy
Italian addresses

You will also learn how to…
Express possession (1)
Ask and say addresses and telephone numbers
Count up to 100
Pronounce the letters "d" and "t"

ⓐ Ascolta il dialogo

Paolo	Scusa, Aisling, qual è il tuo indirizzo qui a Roma?
Aisling	Via Massimi 18. E il tuo?
Paolo	Io abito in Piazza Verdi 3. Hai il telefono?
Aisling	Sì, il mio numero di telefono è 0635490234. Qual è il tuo numero di telefono?
Paolo	È 0650512537
Aisling	Ti telefono domani! Hai il numero di telefono di Elena?
Paolo	Sì. Il suo numero è 0651349865

Occhio alla parola!

domani significa "tomorrow"

Occhio alla lingua!

Via Massimi 18

Italians put the number at the end of the address.

ⓑ Leggi, ascolta e ripeti

21	22	23	24	25	26	27
ventuno	ventidue	ventitre	ventiquattro	venticinque	ventisei	ventisette

28	29	30	31	32	33	
ventotto	ventinove	trenta	trentuno	trentadue	trentatre	....

40	50	60	70
quaranta	cinquanta	sessanta	settanta

80	90	100
ottanta	novanta	cento

What do you notice in the formation of numbers? See if your friends agree with you.

a Alzati e parla con i compagni

Now you want to know your friends' telephone numbers.
Stand up and ask each one **"Qual è il tuo numero di telefono"?**

Nome	Numero di telefono

b Ascolta e metti in ordine i numeri

0514093175 ☐   0256453279 ☐

0815648397 ☐   0663479231 ☐

0103745212 ☐   0556193402 ☐

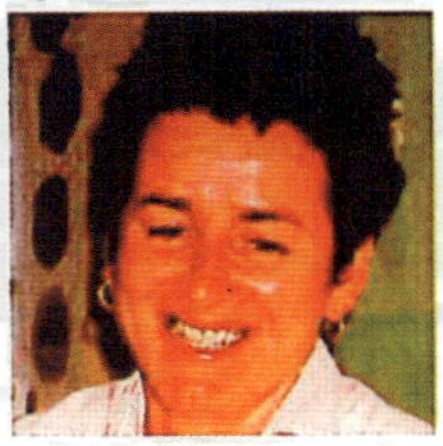

d Ascolta e scrivi i numeri in cifre

_____   _____

_____   _____

_____   _____

c Quanti anni ha?

e Ascolta e scrivi i numeri in lettere

hw

25		71	
32		83	
46		91	
55		98	
69		100	

Fonologia

a Ascolta e ripeti   *Le lettere "d" e "t"*

te<u>a</u>tro	c<u>o</u>rda	stazi<u>o</u>ne	e<u>d</u>icola	tr<u>e</u>no	ni<u>d</u>o
ferm<u>a</u>ta	<u>o</u>nda	ristor<u>a</u>nte	<u>p</u>erdere	<u>a</u>utobus	st<u>a</u>dio

b Ascolta e scrivi le parole

	D	T
1		
2		
3		
4		
5		
6		
7		
8		

49

a Guarda le foto

The photographs show Italian street signs.   **Come si dice "street" o "square"?**

lungotevere
Raffaello Sanzio

LARGO R.IX
DI TORRE
ARGENTINA

PIAZZA R.XIV
PIO XII
DEFENSOR CIVITATIS

R.XIV
BORGO PIO

ponte
Garibaldi

VIA R.XIV
DELLA
CONCILIAZIONE
- II FEBBRAIO 1929 -

CORSO R.VIII
DEL
RINASCIMENTO

VIALE R.XIII
DI
TRASTEVERE

LUNGOTEVERE R.XXII
CASTELLO

VICOLO R.XIII
DELLA SCALA

Numeri utili

112
CARABINIERI

113
POLIZIA

115
VIGILI DEL
FUOCO

160
INFORMAZIONI
POSTE ITALIANE

176
INFORMAZIONI
INTERNAZIONALI

114
SVEGLIA
AUTOMATICA

14161
ORA ESATTA

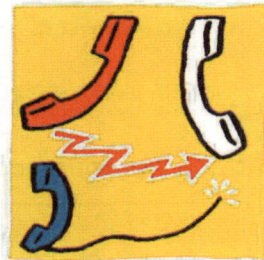

197
CHIAMATE
URGENTI

1419696
TELEFONO AZZURRO
LINEA GRATUITA PER
BAMBINI

0658201030
GUARDIA MEDICA

118
AMBULANZA

803803
SOCCORSO STRADALE

Which number would you dial for:

- the fire brigade?_____

- a wake-up call? _____

- the police?_____

- a doctor? _____

- information on the postal service? _____

Now you can:

Ask for somebody's address	Qual è il tuo indirizzo?
Say your address	Il mio indirizzo è …
Ask for somebody's telephone number	Qual è il tuo numero di telefono?
	Qual è il numero di telefono di Elena?
Say your telephone number	Il mio numero di telefono è…
Say somebody's telephone number	Il numero di telefono di Elena è…
Express possession (1)	Il mio/tuo/suo numero di telefono
Write an address in Italian	Via Massimi 18

Grammatica

a Asking for somebody's address and telephone number

Qual è	il tuo (informal)	indirizzo?
	il suo (formal)	numero di telefono?

Qual è	l'indirizzo	di	Elena?
	il numero di telefono		

b Saying somebody's address and telephone number

Il mio	indirizzo	è	Via Massimi 18
Il tuo	numero di telefono		7347340
Il suo			

L'indirizzo	di	Elena	è	Via Massimi 18
Il numero di telefono				7347340

c Expressing possession (masculine singular)

Il mio	indirizzo
Il tuo	numero di telefono
Il suo	

52

Parole importanti

Parole varie

indirizzo	address
numero di telefono	telephone number

Altre parole ed espressioni

domani	tomorrow
qual è?	what is?
qui	here

Parole nuove nella sezione "Fonologia"

andare	to go
nido	nest
perdere	to lose

Parole nuove nella sezione "Lo sapevi che...?"

lungotevere	embankment (along the river Tiber in Rome)
ponte	bridge
via	street
viale	avenue
vicolo	lane

Unità 6

Che lavoro fa?

In this unit you will learn about…
Vocabulary for professions
Italian documents
Teenagers' jobs

You will also learn how to…
Ask what someone does
Use the definite article in the singular
Say the present tense of the verb "fare"
Pronounce the letter "h"

Guarda i disegni   Che lavoro fa?

Match the pictures and the words for professions.

1. il cameriere	5. il carabiniere	9. l'insegnante	13. la baby-sitter
2. la casalinga	6. il medico	10. il postino	14. lo zoologo
3. l'attore	7. la commessa	11. lo studente	15. l'architetto
4. l'attrice	8. l'infermiera	12. la studentessa	16. la cameriera

È cameriere

Fa il cameriere

Pratica 1

a Quale articolo?

Do you remember these words from the preliminary unit? Work with a partner and give each word an article. Put either **il**, **lo**, **la** or **l'** before each word.

Supermercato ZOO CITTÀ Trattoria PIAZZA

MUSEO STAZIONE TRENO PARCO

BANCA FARMACIA MOTORINO FERMATA

AUTOBUS CALCIO Hotel Campeggio

SCUOLA PUB AEROPORTO CHIESA

BIRRERIA ALBERGO BIBLIOTECA BAR

PENSIONE AUTOSTRADA Ristorante CENTRO

TEATRO METROPOLITANA POLIZIA STADIO

b Leggi e rispondi alle domande

Nome Regina	**Cognome** Melo
Nazionalità brasiliana	**Età** 32

Indirizzo 25, Newtown Road, Naas, Co. Kildare

Numero di telefono 457721   **Professione** architetto

Dove abita Regina? _____

Quanti anni ha? _____

Cosa fa? _____

Qual è il suo numero di telefono?_____

c Completa il testo

Laura _____ 29 anni.
_____ italiana, _____ Roma. Abita _____ Roma, in
Via Serranti 35. Il _____ numero _____ telefono è
35498856. _____ medico.

d Scrivi le domande!

In the following grid you have some answers. Write the questions, both informal and formal.

TU	LEI	
		bene, grazie
		italiano, di Trapani
		22
		8446321
		a Palermo
		Viale Bellini 51
		sono insegnante

e Chi è?

Scrivi un paragrafo su una persona famosa, indicando nome, età, nazionalità, città di origine, città di residenza, professione.

Ascoltiamo

a Ascolta l'intervista e riempi la scheda

Nome _____

Cognome _____

Nazionalità _____

Età _____

Indirizzo _____

Numero di telefono _____

Professione _____

b Ascolta e riempi la griglia

Nome	Lavoro	Da quanto tempo

Fonologia

Ascolta e ripeti   *La lettera "h"*

La lettera "h" è muta ! (silent). Si scrive ma non si pronuncia.

hotel	ho	handicap	Hawaii	hinterland
hostess	hurrà	hall	herpes	hobby

a Durante l'estate, i ragazzi italiani fanno un "lavoretto":

la baby-sitter

il/la dog-sitter

il pizza driver

il pony express

l'intervistatrice telefonica

la standista

il volantinaggio

la cura delle piante

la raccolta di frutta

What is the difference between these jobs?
What age should you be for each job?
Discuss it with your teacher!

E in Irlanda?

b Questi sono i documenti d'identità più importanti in Italia.

la patente per
guidare la macchina

Il passaporto
per viaggiare

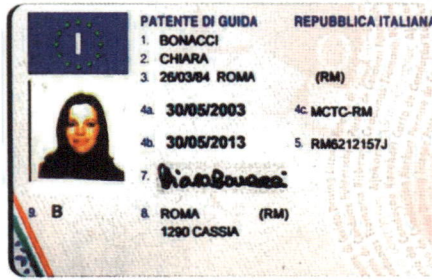

la carta d'identità
come documento e per
viaggiare in Europa

c **Guarda il cartello**

It's a place where the unemployed go.
They sign up to find a job.

UFFICIO DI
COLLOCAMENTO
→

d Un lavoro molto italiano.

**Questo è un laboratorio di
pasta fresca. L'uomo è pastaio**

**Questa ragazza è la commessa
del negozio di pasta fresca**

60

Now you can:

Ask what someone does	Che lavoro fai?/Cosa fai? (informal) Che lavoro fa? /Cosa fa? (formal)
Say what someone does	Sono poliziotto/Faccio il poliziotto È cameriere/Fa il cameriere
Name some professions in Italian	

Grammatica

ⓐ Asking what someone does

Che	lavoro	fai?
		fa?

Cosa	fai?
	fa?

ⓑ The present tense of the verb "fare" (to do, to make)

FARE

(io) faccio
(tu) fai
(Lei) fa
(lui) fa
(lei) fa
(noi) facciamo
(voi) fate
(loro) fanno

ⓒ Articolo determinativo singolare (definite article)

IL	LO	L'	LA
libro ristorante treno	studente zoo	amico amica	casa scuola farmacia
With singular masculine nouns beginning with a consonant	With singular masculine nouns beginning with s+consonant or z	With masculine and feminine nouns beginning with a vowel	With feminine nouns beginning with a consonant

61

Parole importanti

Professioni

l'architetto	architect
l'attore	actor
l'attrice	actress
la cameriera	waitress
il cameriere	waiter
la casalinga	housewife
la commessa	shop assistant
l'infermiera	nurse
l'insegnante	teacher
il medico	doctor
il poliziotto	policeman
il postino	postman
lo studente	male student
la studentessa	female student
lo zoologo	zoologist

Parole varie

la carta d'identità	identity card
il passaporto	passport
la patente	driving licence

Verbi

fare	to do, to make

Altre espressioni

cosa?	what?
chi è?	who is it?

Unità 7

La mia famiglia e altri animali

In this unit you will learn about…

Vocabulary for family and animals

The Italian family

The days of the week

St Francis of Assisi

The Aquarium of Genoa and the Rome Zoo

You will also learn how to…

Make nouns plural

Use the definite article in the plural

Use the indefinite article (1)

Make a sentence negative

Say the present tense of the verbs ending in –ere and –ire

Express possession (2)

Write an informal letter

Pronounce the letters "m" and "n"

ⓐ Guarda le fotografie

Isabella   **Franco**   **Elena**   **Daniele**   **Lorenzo**

ⓑ Ascolta e completa le frasi

Isabella è la _____ di Franco

Franco è il _____ di Isabella

Elena è la _____ di Franco e Isabella

Elena è la _____ di Daniele e Lorenzo

Daniele è il _____ di Isabella e Franco

Lorenzo è il _____ di Elena e Daniele

Isabella è la _____ di Elena, Daniele e Lorenzo

Franco è il _____ di Elena, Daniele e Lorenzo

Elena, Daniele e Lorenzo sono i _____ di Franco e Isabella

Franco e Isabella sono i _____ di Elena, Daniele e Lorenzo

marito	moglie
madre	padre
figlio	figlia
fratello	sorella
genitori	figli

Pratica 1

ⓐ Parla con un compagno

Work with a partner. Look at the pictures of Elena's family and ask one another questions:
"Chi è…?", "Chi sono…?"

ⓑ Guarda l'albero genealogico e completa le frasi con l'articolo

Antonio è _____ marito di Bianca

Bianca è _____ madre di Enrico e Alessandra

Ilaria è _____ moglie di Enrico

Antonio è _____ padre di Enrico e Alessandra

Alessandra è _____ sorella di Enrico

Enrico è _____ fratello di Alessandra

Antonio è _____ nonno di Andrea, Marta e Fabio

Enrico è _____ zio di Fabio

Alessandra è _____ zia di Andrea e Marta

Fabio è _____ cugino di Andrea e Marta

Marta è _____ cugina di Fabio

Marta è _____ sorella di Andrea

Have you learnt any new words in this exercise? Which ones?

Ascolta il dialogo

Elena	Aisling, è grande la tua famiglia?
Aisling	Abbastanza. Ho due sorelle e un fratello. In totale siamo sette: mio padre, mia madre, mio fratello Darragh, mia sorella Sinéad, mia sorella Siobhán e mia nonna, che abita con noi. E la tua famiglia?
Elena	Io ho due fratelli e purtroppo non ho sorelle. E tu, Paolo?
Paolo	Sono figlio unico. Che disgrazia!

Occhio alla lingua!

un fratell**o**   due fratell**i**
una sorell**a**   due sorell**e**

Occhio alla lingua!

Non ho sorelle

To make a sentence negative in Italian, you simply put "non" before the verb.

Pratica 2

a **Parla con i compagni**   *"In famiglia siamo..."*

Work in a small group and ask one another about your families.

b **Qual è il singolare? Qual è il plurale?**

Give the plural or the singular of the following words.

treno	
	libri
scuola	
	penne
ragazzo	
	ragazze
casa	
	numeri
indirizzo	

Vocabolario

Qual è il maschile? Qual è il femminile?

In the box on the left there are some masculine words for family members. Find their feminine equivalent in the box on the right.

Padre	Fratello	Nonno
Zio Cugino Figlio Marito		

Cugina	Nonna	Madre
Sorella Moglie Zia Figlia		

Leggiamo

Leggi la lettera e rispondi alle domande

Cara Lorraine,

Grazie per la tua lettera! Ti mando la foto della mia famiglia. Siamo cinque: mio padre, mia madre, mio fratello Giulio e mia sorella Anna. Mio padre si chiama Bruno, ha 40 anni ed è fotografo. Mia madre si chiama Carolina, ha 38 anni ed è segretaria. Mio fratello ha 19 anni e fa l'università; studia economia. Mia sorella ha 16 anni ed è ancora a scuola come me. Abbiamo un nonno e una nonna, che abitano in campagna. Loro non lavorano: sono in pensione!

Scrivimi presto

Un bacione

Sandra

What does Sandra's mother do?

_____

_____

What does her brother do?

_____

_____

How old is her sister?

_____

_____

Where do her grandparents live?

_____

_____

What do they do?

_____

_____

Scriviamo

Scrivi una lettera

Imagine you are Lorraine (or Lawrence!): reply to Sandra's letter!

Occhio alla lingua!

mio fratello   **mia** sorella

66

a Guarda i disegni. Quali animali rappresentano?

Match the pictures and the words for animals.

il *topo*	il *cavallo*	l'*uccello*	il *cane*	il *gatto*	il *leone*
l'*elefante*	il *coniglio*	la *giraffa*	il *pesce*	la *zebra*	lo *scoiattolo*

l'elefante

b Ascolta il dialogo

Marta   Aisling, cosa fanno i tuoi genitori?

Aisling   Mio padre è giornalista e scrive per un
              giornale irlandese.
              Mia madre fa la maestra. E i tuoi genitori?

Marta   Mio padre è veterinario e mia madre è la sua segretaria. Noi amiamo
              molto gli animali; abbiamo due cani e un gatto. I cani si chiamano Pippa e
              Luna; il gatto si chiama Ronron e dorme moltissimo. E tu, hai animali?

Aisling   Sì, ho un cane, un setter irlandese. Ho anche quattro galline, ma le galline
              sono in campagna!

Occhio alla lingua!

il gatto	**i** gatti
il cane	**i** cani
lo scoiattolo	**gli** scoiattoli
l'elefante	**gli** elefanti
l'anatra	**le** anatre
la gallina	**le** galline
la tigre	**le** tigri

Occhio alla lingua!
The present tense of the
verbs ending in -ere and -ire

SCRIVERE	DORMIRE
(io) scr**i**vo	d**o**rmo
(tu) scr**i**vi	d**o**rmi
(Lei) scr**i**ve	d**o**rme
(lui/lei) scr**i**ve	d**o**rme
(noi) scriv**iamo**	dorm**iamo**
(voi) scriv**ete**	dorm**ite**
(loro) scr**i**v**ono**	d**o**rm**ono**

a **Completa il testo con i verbi del riquadro**

si chiama	è (2)	ha (2)	
hanno	lavora	abitano	fa

Giovanna Valora _____ italiana, di Catania. _____ 35 anni e _____ una figlia, che _____ Paola. Giovanna _____ insegnante, _____ in una scuola di Roma. Suo marito _____ il medico. Giovanna e la sua famiglia _____ a Roma, in Piazza Giovenale 36. _____ anche un cane.

b **Completa la tabella con il singolare o con il plurale**

Singolare	Plurale
il motorino	
	le trattorie
la stazione	
	i ristoranti
la piazza	
	le chiese
l'aeroporto	
	le edicole
lo stadio	
	i gatti

c **Completa il testo con gli articoli il, lo, l', la, i, gli, le**

Ho 15 anni e amo _____ musica e _____ animali. Mio padre ha 42 anni e ama _____ natura e _____ sport. Mia madre, invece, ama _____ libri di fantascienza e _____ inglese e, per finire, mio fratello adora _____ concerti rock e _____ ragazze!

d **Qual è l'articolo?**

Giulia is having her birthday soon and she's thinking about the presents she would like to get. Fill in the correct article from the box below!

IL	LO	L'	LA	I	GLI	LE

_IL_ motorino	_____ album per fotografie	_____ fotografie del suo attore preferito
_____ scarpe Nike	_____ libri di Grisham	_____ computer portatile
_____ stivali	_____ orecchini	_____ biglietti per un concerto
_____ stereo	_____ cena in pizzeria	_____ occhiali da sole
_____ bicicletta	_____ abbonamento in palestra	_____ zaino dell'Invicta
_____ telefonino	_____ penna	_____ orologio
_____ walkman	_____ video	

Completa il testo con il presente dei verbi tra parentesi

(i) Cecilia (avere) _____ 28 anni. (Essere) _____ italiana, di Napoli, ma (abitare) _____ a Milano. (Lavorare) _____ in una ditta di computer. (Leggere) _____ molti libri e (ascoltare) _____ la musica jazz.

(ii) Mi chiamo Celine. (Essere) _____ francese di Parigi. (Avere) _____ 14 anni. (Frequentare) _____ la scuola superiore.

(iii) "Voi (avere) _____ animali?"
"Sì, (avere) _____ un gatto. (Amare) _____ molto gli animali".

(iv) Marina e Tito (essere) _____ italiani. (Abitare) _____ a Roma. (Avere) _____ una figlia, Eleonora. Domani (partire) _____ per Dublino per una vacanza.

Leggiamo

a The Italian word for "zoo" used to be "lo zoo" or "il giardino zoologico" until quite recently and people still use that word; the official word, though, has changed and it is now called "il bioparco". Read the following information about a "bioparco" and answer the questions.

Data di nascita	16 aprile 1998
Animali	circa 1000
Specie	oltre 200
Indirizzo	Piazzale del Giardino Zoologico 1(centro di Roma)
Telefono	063608211
Sito web	www.Bioparco.it
Come si arriva	in autobus o metropolitana
Servizi	3 bar, 1 ristorante, molte aree picnic, parcheggio

IL BIOPARCO DI ROMA

Where is the zoo? _____

_____

How do you get there? _____

_____

What facilities can you find there? _____

_____

_____

_____

IL PIÙ GRANDE PARCO MARINO D'EUROPA

Read the information about the wonderful Aquarium of Genoa. Unfortunately the person who wrote it forgot to include all the articles. Can you finish the job by putting in the missing articles?

ACQUARIO DI GENOVA

Data di nascita: ottobre 1993
Telefono: 0102465535
Sitoweb: www.acquariodigenova.it
E-mail: info@acquario.ge.it

Prezzi
€11,60 (individuale), €6,90 (3 – 12 anni),
gratis per bambini 0 – 2 anni,
€6,90 per _____ scuole (minimo 15 persone), militari e invalidi.
Per _____ scuole e per _____ gruppi è obbligatoria _____ prenotazione.

Orario
lunedì, martedì, mercoledì e venerdì: 9,30 - 19,30;
giovedì: 9,30 – 22,00;
sabato, domenica e festivi: 9,30 – 20,30;
luglio e agosto: tutti i giorni 9,00 – 23,00;
novembre: chiuso lunedì;
1 dicembre – 28 febbraio:
10,00 – 18,00.

Parcheggio

____ parcheggio ha170 posti auto, anche per ____ disabili.____ orario del parcheggio è: 7,00 – 24,00 (lunedì-giovedì e domenica) e 7,00 – 01,00 (venerdì e sabato). Tariffe:

7,00 – 20,00 €1,5 ____ ora; 20,00 – 24,00 € 0,5 ____ ora.

Durata della visita circa 2 ore.

Servizi interni

Guardaroba custodito, audioguida e catalogo (in italiano, inglese, francese, tedesco, spagnolo), giftshop, Auditorium, toilette con servizio nursery, infermeria, telefoni pubblici, ascensore per disabili, distributori bevande, bar.

Servizi esterni

negozio di gadgets, libreria, negozio di giocattoli, giftshop dell'Acquario, gelateria, negozio di prodotti tipici genovesi, negozio fotografico, self-service.

È vietato

usare il flash, fumare, fare picnic e introdurre animali.

Occhio alla parola!

I giorni della settimana

| lunedì | martedì | mercoledì | giovedì | venerdì | sabato | domenica |

Fonologia

ⓐ Ascolta e ripeti   le lettere "m" e "n"

| mare | marito | fermata | Milano | amico | come |
| banca | Nicola | centro | pensione | cane | anche |

ⓑ Ascolta e scrivi le parole

_____
_____
_____
_____
_____

a) La famiglia italiana

La famiglia italiana moderna non è numerosa. Gli italiani mangiano, parlano, passano le feste e le vacanze con la famiglia, che quindi è molto importante. La mamma italiana è una figura importantissima e fa tutto per i figli, in particolare i maschi, anche quando lavora. La famiglia in genere aiuta molto i figli e anche i nonni hanno un ruolo importante... come baby-sitter! Molti italiani abitano vicino alla famiglia dopo il matrimonio.

b) Guarda questi cartelli

(a) È VIETATO DARE DA MANGIARE AGLI ANIMALI

(b) TENERE I CANI AL GUINZAGLIO

(c) DIVIETO DI CACCIA

(d) ATTENTI AL CANE

(e) AMMESSI PICCOLI ANIMALI

(f) INGRESSO VIETATO AGLI ANIMALI

Dove sono? Can you match the signs above with the following places, where you can find them? Do it with a partner, then discuss their exact meaning with your teacher.

A wood ○   A shop ○   Outside a house ○   A zoo ○   A hotel ○   A park ○

c) Guarda il disegno

Gli animali domestici in Italia

Pesci......... 28 milioni
Uccelli....... 13 milioni
Roditori... 500.000
Gatti....... 7 milioni
Cani........... 6,25 milioni

E in Irlanda?

Il personaggio

San Francesco d'Assisi

È il patrono d'Italia (4 ottobre).
È famoso perché parla con gli uccelli.

1182 Nasce ad Assisi, in Umbria. La sua famiglia è ricca. Suo padre si chiama Pietro di Bernardone ed è un commerciante. Sua madre si chiama Madonna Pica.

1210 Nasce l'Ordine Francescano.

1213 Francesco comincia la sua predicazione e viaggia molto.

1220 Crea il primo presepe, a Greccio.

1224 Scrive il Cantico delle Creature.

1226 Muore ad Assisi.

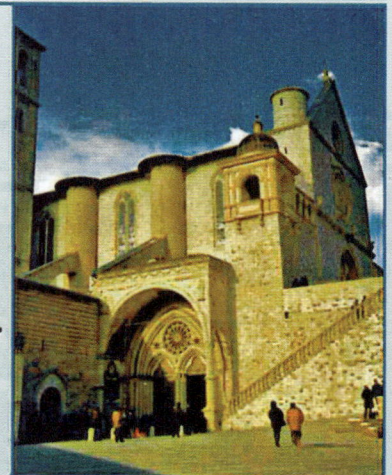

Now you can: Talk about your family
Make nouns and definite articles plural (1)
Make a sentence negative   **Non** parlo arabo
                          Non ho sorelle

Use the indefinite article (1)   **Un** fratello, **una** sorella
Write a simple informal letter
Express possession with family
    members in the singular
Talk about your pets
Use verbs ending in -ere and -ire
Say the days of the week   lunedì, martedì, mercoledì, giovedì,
                                   venerdì, sabato, domenica

Grammatica

ⓐ Making the plural of articles and nouns

ARTICLES

Singular	Plural
IL ⟶ I	
LO	
	GLI
L' (m.)	
L' (f.)	
	LE
LA	

(i) "il" changes to "i" in the plural.
(ii) "lo" changes into "gli" in the plural
(iii) both masculine and feminine nouns beginning with a vowel take "l'" in the singular.
(iv) "l'" changes to "gli" in the plural for masculine nouns and to "le" for feminine nouns.
(v) "la" changes to "le" in the plural.

WORDS

Singular	Plural
il libr**o**	i libr**i**
lo zer**o**	gli zer**i**
il can**e**	i can**i**
l'elefant**e**	gli elefant**i**
l'anatr**a**	le anatr**e**
la scuol**a**	le scuol**e**
la stazion**e**	le stazion**i**

(i) Masculine nouns ending in -o in the singular change the "o" into "i" in the plural.
(ii) Feminine nouns ending in -a in the singular change the "a" into "e" in the plural.
(iii) Masculine and feminine nouns ending in -e in the singular change the "e" into "i" in the plural.

73

b Using the indefinite article (1)

UN	UNA
fratello	sorella
cane	cugina
amico	famiglia
with masculine nouns beginning with a consonant or with a vowel	with feminine nouns beginning with a consonant

c Writing a simple informal letter

To open it:
Caro Paolo, (masc.)
Cara Marta, (fem.)

To close it:
Un bacione
Baci
Baci e abbracci
Un abbraccio
Ciao e a presto

d Expressing possession with family members in the singular

MASCULINE	FEMININE
MIO	**MIA**
padre	madre
fratello	sorella
cugino	cugina
zio	zia
nonno	nonna
marito	moglie

e Making a sentence negative

To make a sentence negative in Italian, you simply put **non** in front of the verb: **non** ho fratelli, mia madre **non** lavora.

f The present tense of the verbs ending in -ere and -ire

Let's look at the second and third group of regular verbs, those ending in -ere and -ire. To form the present tense of the regular verbs in -ere and -ire, you simply drop the -ere or -ire ending and add the appropriate ending for each person.

VEDERE (to see)	PARTIRE (to leave)
(io) ved**o**	part**o**
(tu) ved**i**	part**i**
(Lei) ved**e**	part**e**
(lui) ved**e**	part**e**
(lei) ved**e**	part**e**
(noi) ved**iamo**	part**iamo**
(voi) ved**ete**	part**ite**
(loro) ved**ono**	part**ono**

74

Parole importanti

La famiglia

la cugina	female cousin
il cugino	male cousin
i figli	children
la figlia	daughter
il figlio	son
il fratello	brother
i genitori	parents
la madre	mother
il marito	husband
la moglie	wife
la nonna	grandmother
il nonno	grandfather
il padre	father
la sorella	sister
la zia	aunt
lo zio	uncle

Gli animali

il cane	dog
il cavallo	horse
il coniglio	rabbit
l'elefante	elephant
la gallina	hen
il gatto	cat
la giraffa	giraffe
il leone	lion
il pesce	fish
lo scoiattolo	squirrel
l'uccello	bird
il topo	mouse
la zebra	zebra

Altre professioni

il fotografo	photographer
il giornalista	male journalist
la maestra	primary school teacher (female)
la segretaria	secretary
il veterinario	vet

Giorni della settimana

lunedì	Monday
martedì	Tuesday
mercoledì	Wednesday
giovedì	Thursday
venerdì	Friday
sabato	Saturday
domenica	Sunday

Parole varie

l'ascensore	lift
il bambino	child (male)
la campagna	countryside
la ditta	company
la foto	photo
il giornale	newspaper
il giorno	day
gratis	free of charge
la natura	nature
il negozio di giocattoli	toy shop
la prenotazione	booking
la ragazza	girl
il ragazzo	boy

Verbi

amare	to love
ascoltare	to listen
dormire	to sleep
fumare	to smoke
lavorare	to work
leggere	to read
partire	to leave
scrivere	to write

Altre espressioni

purtroppo	unfortunately
figlio unico	only child (son)
in pensione	retired
invece	instead

Parole nuove nella sezione "Fonologia"

mare	sea
amico	male friend

Parole nuove nella sezione "Lo sapevi che...?"

aiutare	to help
al guinzaglio	on the leash
le feste	feasts
i maschi	males, boys
il matrimonio	marriage
quando	when
quindi	therefore
le vacanze	holidays
vietato	forbidden

Parole nuove nella sezione "Il personaggio"

cominciare	to start
il commerciante	trader
morire	to die
nascere	to be born
il patrono	patron saint
il presepe	crib
ricco	rich
viaggiare	to travel

Ripasso 2

1 Dov'è?
Write where these cities are.
Ex.: Dublino è in Irlanda

Parigi _____
Londra _____
Atene _____
Lisbona _____
Madrid _____
Vienna _____
Amburgo _____
Stoccolma _____
Amsterdam _____
Ginevra _____

2 Completa le frasi
Complete the sentences with the right preposition (di, a, in, da).

a ____ dove sei?
b Sono ____ Milano, ma abito ____ Torino.
c Abito a Torino ____ due anni.
d Torino è ____ Piemonte.
e Il Piemonte è ____ Italia.
f Mio fratello abita ____ Francia, ____ Parigi.
g Mia sorella abita ____ Dublino, ____ Raheny.

3 Ascolta e scrivi i numeri di telefono

_____ _____

_____ _____

_____ _____

_____ _____

4 Scrivi i numeri in lettere

12 _____   21 _____

25 _____   32 _____

38 _____   44 _____

51 _____   65 _____

72 _____   89 _____

93 _____   96 _____

5 Scrivi i numeri in cifre

quattordici _____   diciotto _____

ventidue _____   trentatre _____

quarantasei _____   cinquantacinque _____

sessantuno _____   settantotto _____

ottantanove _____   cento _____

6 Scrivi un testo
Write a paragraph about a person you know well, including all the information you can give in Italian.

77

7 Un biglietto da visita

Choose a business card and write as much information as you can gather from it on the person it belongs to.

Architetto Grazia Spada

Studio: Via Vassallo 13
Tel. 064383094
e-mail: graspa@inwind.it

Alessandro Satta

Giornalista

Abitazione:
Via Attilio Friggeri 11, Milano

Tel 02 3541537
e-mail: alesa@libero.it

EM EDIZIONI INTERNAZIONALI

Lorenza Marini
Segretaria di Redazione

Via Spello 12, Bologna
Tel. 051 44242765

e-mail: lorenza@em.it

Enrico Ludovici
Commercialista

Via Accademia del Cimento 3, Roma
Tel. 065051546 e-mail: ludo@ludo.it

Dott. Elisa Calabrese, Medico
Specialista in dietologia

Studio: Via Gianicolense 46, Roma
Tel. 066820137
Abitazione: Piazza Vittorio 50, Roma
Tel. 066621789

e-mail: elica@libero.it

8 L'albero genealogico della mia famiglia

Draw your family tree, then write sentences like "Sean è il marito di Jane" etc.

9 Divide the following words for family members into masculine and feminine.

sorella	padre	zio	cugino
nonna	nonno	zia	madre
fratello	cugina	marito	moglie

Maschile

_____
_____
_____
_____
_____
_____

Femminile

_____
_____
_____
_____
_____
_____

10 Maschile o femminile?

Match the following words with the two symbols, according to whether they are masculine or feminine. Be careful! Some of the words apply to both!

studentessa	italiana	grande	tedesca
dinamica	studente	ragazzo	sportivo
intelligente	ragazza	tedesco	figlia
gentile	figlio	irlandese	bravo	gatto

♀

♂

11 Leggi la scheda e scrivi un testo

Write a paragraph on this girl using the information below.

Nome Claudia
Cognome Orsini
Età 23
Indirizzo Via Libertà 32,
　　　　　Napoli
Telefono 081 3647388
Famiglia padre (Gennaro),
　　　　　madre (Milena), fratello (Davide)
Professione padre impiegato statale
Professione madre infermiera
Animali cane
Passatempi sport, musica

12 Cosa sono? Quanti sono?

Ex.: ▭ un libro　▭▭ due libri

✏ _____

☎☎☎ _____

◉◉ _____

🏠🏠🏠🏠 _____

📠📠📠 _____

❤ _____

✉✉ _____

📱📱📱📱 _____

🐟🐟 _____

🐆🐆🐆🐆🐆🐆 _____

🐈🐈🐈 _____

🕊🕊 _____

13 Metti in ordine le parole

Ex.: CHIAMA MIO SI CARLO PADRE
Mio padre si chiama Carlo

a UN E SORELLA HO UNA IO FRATELLO
_____

b LAVORA IN PADRE BANCA MIO
_____

c LOMBARDIA IN MILANO È
_____

d DUBLINO DA OTTO ABITO ANNI A
_____

e TELEFONO È NUMERO 8468095 IL DI MIO
_____

f MARTA CANI UN HA DUE E GATTO
_____

14 Completa le frasi con i verbi del riquadro

amo　parla　dormono　fa(2)　abitiamo
hai　siete　scrivono　hanno

a Marco _____ bene inglese.
b Noi _____ a Roma.
c Voi _____ irlandesi?
d Elisabetta _____ la seconda media.
e Matteo e Paolo _____ molto la domenica.
f Tu _____ animali?
g Io _____ molto lo sport.
h I ragazzi _____ molti messaggi con il telefonino.
i I miei genitori _____ 40 anni.
l Mia sorella _____ l'infermiera.

15 Completa le frasi con il presente dei verbi regolari tra parentesi

a Valeria (vivere) _____ a Milano; (lavorare) _____ in uno studio medico.

b Tu quando (partire) _____ per le vacanze?

c Noi (comprare) _____ i biglietti per il concerto.

d Voi quanto (dormire) _____?

e Maria e Sergio (abitare) _____ a Trento.

f Stella (parlare) _____ inglese e francese.

g Domani io (guardare) _____ la TV.

h Tu quando (vedere) _____ Alessio?

i Il treno (partire) _____ a mezzogiorno.

l I negozi (chiudere) _____ la domenica.

16 Forma delle frasi secondo l'esempio

Io/Roma/Milano
Sono di Milano, ma abito a Roma

Gianni/Cagliari/Amsterdam
Robert e Aoife/Cork/Dublino
Marie/Lione/Parigi
Noi/Genova/Torino
Sandra e Marta/Palermo/Napoli
Voi/Stoccarda/Berlino

17 Forma delle frasi secondo l'esempio

Io/Cork/3 anni
Abito a Cork da tre anni

Gianni/Amsterdam/7 anni
Robert e Aoife/Dublino/2 anni
Marie/Parigi/1 anno
Noi/Torino/5 anni
Sandra e Marta/Napoli/4 anni
Voi/Berlino/6 anni?

18 Metti in ordine i verbi irregolari

ESSERE	AVERE

STARE	FARE

faccio	state	sono	sto
abbiamo	stanno	fa	stiamo
stai	siamo	fanno	ha
sono	fai	ho	fate
sta	siete	sei	avete
facciamo	hanno	hai	è

Unità 8

Bello e simpatico

In this unit you will learn about…
Some parts of the body
Signs of the zodiac
Some idiomatic expressions with animals
Pinocchio

You will also learn how to…
Make nouns and adjectives agree in the plural
Say "very", "a little" and "quite" in Italian
Describe someone's physical appearance
  and personality
Describe Italians
Pronounce the letter "q"

Guarda le fotografie

Marco è alto e magro.
Ha i capelli corti, lisci e neri.
Ha gli occhi castani.

Giulia è piccola e magra.
Ha i capelli lunghi, lisci e castani.
Ha gli occhi castani.

Vocabolario

Sono / È	Ho / Ha i capelli	Ho / Ha gli occhi
alto/a	lunghi	neri
basso/a	corti	castani
grasso/a	lisci	azzurri
robusto/a	ricci	verdi
magro/a	mossi	
bello/a	neri	
brutto/a	castani	**Ho / Ha**
carino/a	biondi	i baffi
giovane	rossi	la barba
vecchio/a	grigi	gli occhiali
calvo/a	bianchi	
anziano/a	brizzolati	

Occhio alla lingua!

Un ragazzo alt**o**
Una ragazza alt**a**

I capelli lungh**i**

ⓐ Guarda le fotografie e descrivile **ⓑ Scegli tre personaggi famosi!**

Write a paragraph each on 3 famous people including all the information you have.

Esempio: Bono ha circa 42 anni. È irlandese, di Dublino, e abita a Dublino. È cantante. È sposato e ha due figlie. Non è molto alto ed è abbastanza magro. Ha i capelli neri e lisci e gli occhi azzurri.

Incontro 2

I SEGNI ZODIACALI **Di che segno sei?**

ARIETE
testardo
impaziente
coraggioso

TORO
buongustaio
paziente
pigro

GEMELLI
dinamico
ottimista
superficiale

CANCRO
sensibile
timido
introverso

LEONE
ottimista
generoso
orgoglioso

VERGINE
ambizioso
curioso
ordinato

BILANCIA
vivace
indeciso
socievole

SCORPIONE
indipendente
geloso
ribelle

SAGITTARIO
sincero
curioso
ottimista

CAPRICORNO
testardo
ambizioso
affidabile

ACQUARIO
attivo
eccentrico
ottimista

PESCI
generoso
sincero
fantasioso

83

E tu, di che segno sei? Sei d'accordo con questa descrizione? Come definisci il tuo carattere?

Sono _____

_____

_____

_____

_____

Pratica 2

a Dividi gli aggettivi del riquadro in qualità (*positive qualities*) e difetti (*negative qualities*).

generoso • violento • simpatico • buono • pessimista • gentile
aggressivo • allegro • intelligente • antipatico • noioso • spiritoso
pigro • socievole • egoista • geloso • paziente • superficiale
sincero • affidabile • impaziente • testardo

Qualità	Difetti

b Come sono gli Italiani?

Work with a partner. Exchange ideas about what you think Italians are like.
Remember that Italians are "plural", so you will say sentences like "gli italiani sono allegri" or "gli italiani mangiano spaghetti" etc.

Il mio migliore amico si chiama Alberto. È molto alto e un po' robusto. Ha gli occhi azzurri e i capelli corti e castani. Porta gli occhiali. È abbastanza pigro, ma simpatico!

La mia migliore amica si chiama Alessandra e ha 14 anni. È bassa e abbastanza magra. Ha gli occhi castani e i capelli neri e ricci. È molto carina e un po' timida.

Occhio alla lingua!

Alberto è **molto** alto
Alessandra è **molto** carina

Alberto è **un po'** robusto
Alessandra è **un po'** timida

Alberto è **abbastanza** pigro
Alessandra è **abbastanza** magra

Scrivi la descrizione fisica del tuo migliore amico e della tua migliore amica!

Il mio migliore amico

La mia migliore amica

85

b Leggi questo annuncio

Mi chiamo Debora, ma gli amici mi chiamano Debbie. Sono bionda e ho gli occhi verdi. Sono simpatica e allegra. Amo lo sport, soprattutto il tennis, e ascolto la musica rock. Adoro gli animali e il Giappone con tutti i suoi cartoni animati. Scrivimi! Il mio indirizzo è Via Giuseppe Verdi 11, 64100 Teramo.

Rispondi a Debora!

c Leggi e riempi la scheda

Carla e Ilaria sono molto amiche. Sono due ragazze allegre e brave a scuola. Abitano a Cosenza, hanno dodici anni e frequentano la seconda media. Carla ama ballare, ascoltare musica, leggere e mangiare il gelato. Anche Ilaria ama ballare e adora parlare inglese e scrivere messaggi con il telefonino. Il padre di Carla è architetto e sua madre è casalinga. Ha due sorelle più grandi. I genitori di Ilaria hanno un bar. Ilaria ha un fratello più grande e una sorella più piccola.

Occhio alla lingua!

Ilaria ha un fratello **più grande**
Ilaria ha una sorella **più piccola**
Carla ha due sorelle **più grandi**

	Carla	Ilaria
Personality		
Age		
Pastimes		
Family		
Parents' job		

a Ascolta le descrizioni e riempi la griglia quando è possibile.

Nome	Capelli	Occhi	Altro

b Ascolta le descrizioni: a quale disegno corrispondono?

Match the descriptions and the illustrations by putting the letters in the right boxes.

1 ☐

2 ☐

3 ☐

4 ☐

C Ascolta e riempi la griglia

Aisling and some of her Italian friends talk about their personalities.

Nome	Età	Personalità
Aisling		
Paolo		
Elena		
Stefano		
Marta		

Fonologia

Ascolta e ripeti   *la lettera "q"*

qu<u>e</u>sto	qu<u>a</u>dro	quad<u>e</u>rno	<u>a</u>cqua	liqu<u>o</u>re	P<u>a</u>squa
qu<u>a</u>le	qu<u>a</u>ndo	qu<u>o</u>ta	qu<u>i</u>	qu<u>i</u>ndi	qualità

Lo sapevi che...?

Per descrivere le persone, gli italiani usano molte espressioni con animali: *Es. muto come un pesce*

Match the adjective on the left with the animal on the right.

Testardo/a		una lumaca
Grasso/a		un leone
Lento/a		un maiale
Coraggioso/a	come	un mulo
Furbo /a		una scimmia
Curioso/a		una volpe

E in Irlanda?

IL PROTAGONISTA Nasce a Collodi, vicino a Firenze, nel 1883. È un burattino di legno. Non ama la scuola. Il suo naso cresce quando dice bugie, cioè quando è bugiardo. Suo padre si chiama Geppetto ed è falegname. Nel corso del libro, Pinocchio incontra molti animali, come per esempio il gatto, la volpe e la balena.

L'AUTORE Nasce nel 1826 e muore nel 1890, a Firenze. Il suo vero nome è Carlo Lorenzini, ma tutti lo conoscono come Collodi. Suo padre è il fattore (farm manager) di Villa Garzoni, dove Collodi scrive il libro **Le avventure di Pinocchio**

Foto Dante Valenza/Settimanale Oggi

LA CASA Villa Garzoni è considerata la casa di Pinocchio. Ogni anno 200.000 visitatori la visitano per ammirare il parco e le fontane. In questo momento non è possibile visitare la villa all'interno perché necessita di un urgente restauro per tornare bella come prima e per diventare una sorta di Pinocchioland.

Il SITO Visita il sito di Pinocchio: **www.pinocchio.it**, dove è possibile visitare il parco di Pinocchio

Foto Dante Valenza/Settimanale Oggi

Rispondi alle domande

(i) Pinocchio is
- a puppet ☐
- a child ☐
- carpenter ☐

(ii) When he tells lies
- his arms grow ☐
- his nose grows ☐
- his legs grow ☐

(iii) You cannot visit the inside of Villa Garzoni at the moment because
- there is nothing to see inside ☐
- it is lived in by the family who owns it ☐
- it needs restoration work ☐

(iv) There is a plan for Villa Garzoni to become

a public park ☐
a summer school ☐
a fun park ☐

Occhio alla lingua!

Nel 1883

Facciamo il punto

Now you can: Describe someone's physical appearance and personality
Make words plural (2)   capelli lunghi
Say your star sign
Say "very", "a little", "quite"   molto, un po', abbastanza

Grammatica

a Making the plural of nouns and adjectives (introduction)

We have already seen that in Italian the adjective must agree with the gender of the noun it refers to (masculine or feminine). Likewise, it has to agree with the number of the noun (singular or plural).

I capelli lunghi
Gli occhi verdi
Gli amici simpatici
Le ragazze allegre
Le ragazze brave

b The position of adjectives

Adjectives in Italian generally follow the noun they describe:

Ho un motorino verde
Paolo è un ragazzo simpatico
Marta ha gli occhi azzurri

c Saying "very", "a little" and "quite"

molto, un po', abbastanza

When using "molto", "un po'" and "abbastanza", remember they always stay the same when they come before an adjective, whether this is masculine or feminine, singular or plural.

molto	bello bella
un po'	belli belle
abbastanza	

90

Parole importanti

Descrizione fisica (sostantivi)

i baffi	moustache
la barba	beard
i capelli	hair
gli occhi	eyes

Descrizione fisica (aggettivi)

alto	tall
anziano	elderly
basso	short (for a person)
bello	beautiful, good-looking
biondo	blonde
brizzolato	greying
brutto	ugly
calvo	bald
carino	nice, pretty
corto	short (for things)
giovane	young
grasso	fat
liscio	straight
lungo	long
magro	thin
mosso	wavy
riccio	curly
robusto	robust, well built
vecchio	old

Colori

azzurro	blue
bianco	white
castano	brown (for hair & eyes)
grigio	grey
nero	black
rosso	red
verde	green

Descrizione della personalità

affidabile	reliable
aggressivo	aggressive
allegro	cheerful
ambizioso	ambitious
antipatico	unpleasant
attivo	active
buongustaio	gourmet
buono	good
coraggioso	brave
curioso	curious
dinamico	dynamic
eccentrico	eccentric
egoista	selfish
fantasioso	imaginative
geloso	jealous
generoso	generous
gentile	kind
impaziente	impatient
indeciso	indecisive
indipendente	independent
intelligente	intelligent
introverso	introvert
noioso	boring
ordinato	tidy
orgoglioso	proud
ottimista	optimistic
paziente	patient
pessimista	pessimistic
pigro	lazy
ribelle	rebellious
sensibile	sensitive
simpatico	nice
sincero	sincere
socievole	sociable
spiritoso	witty
superficiale	superficial
testardo	stubborn
timido	shy
vivace	lively
violento	violent

Animali

la lumaca	snail
il maiale	pig
il mulo	mule
la scimmia	monkey
la volpe	fox

Parole varie

i cartoni animati	cartoons
migliore	best
soprattutto	above all

Parole importanti

Parole nuove nella sezione "Fonologia"

acqua	water
liquore	liqueur
Pasqua	Easter
quadro	picture, painting
quaderno	copy book
quale	which
qualità	quality
quota	share
questo	this
qui	here
quindi	therefore

Parole nuove nella sezione "Il personaggio"

all'interno	inside
ammirare	to admire
la bugia	lie
bugiardo	liar
il burattino	puppet
conoscere	to know
crescere	to grow
diventare	to become
il falegname	carpenter
il fattore	farmer
la fontana	fountain
il naso	nose
necessitare	to need
il pescecane	shark
il restauro	restoration
visitare	to visit
il visitatore	visitor

Unità 9

Cosa fai nel tempo libero?

In this unit you will learn about…
Hobbies and pastimes
Music and musical instruments
The festival of Italian songs
Nouns ending in -ema and in -ista
What young Italians do in their spare time
The band "Gazosa"

You will also learn how to…
Express frequency
Express tastes
Express possession (3)
Say the present tense of the verbs "andare" and "uscire"
Use prepositions with the verb "andare"
Say "to play"
Say "a lot" with verbs
Pronounce the sound "sc"

93

a Leggi le lettere

Caro Tom,

Mi chiamo Alessio e ho 13 anni. Abito a Chieti, in Abruzzo, e faccio la terza media. Ho un fratello che si chiama Gabriele. Nel tempo libero mi piace giocare a calcio e guardare la televisione. Mi piace molto anche la musica e gli U2 sono il mio gruppo preferito. E tu cosa fai nel tempo libero?

Ciao

Alessio

Cara Cloe,

Mi chiamo Susanna e ho 14 anni. Abito a Parma, in Emilia-Romagna. Faccio il primo anno della scuola superiore. Faccio il liceo linguistico perché mi piacciono molto le lingue. Nel tempo libero mi piace molto leggere, mi piacciono soprattutto i romanzi di fantascienza. Mi piace anche andare in discoteca con gli amici e mi piace molto la musica. Suono il pianoforte e la chitarra. Il mio cantante preferito è Bono. Non mi piace per niente lo sport perché sono pigra. Come lavoretto faccio la baby-sitter perché mi piacciono moltissimo i bambini. E tu?

A presto

Susanna

Occhio alla lingua!

Mi **piace** andare al cinema (verb)
     la musica rock (singular noun)

Mi **piacciono** i bambini (plural noun)

Occhio alla lingua!

Giocare a	calcio	(with a sport)
	tennis	
	golf	
	Monopoli	(with a table game)
Suonare	il pianoforte	(with a musical instrument)
	la chitarra	

94

Elena	Aisling, cosa fai nel tempo libero?
Aisling	Mi piace molto uscire con gli amici e fare sport. Mi piace moltissimo nuotare. Non mi piace cucinare. E tu?
Elena	Nel tempo libero leggo riviste e ascolto la musica. Mi piacciono tutti gli sport.
Aisling	Ti piacciono gli animali?
Elena	Mi piacciono moltissimo i cani, ma non mi piacciono per niente i gatti.

	Likes	Doesn't like
Aisling		
Elena		

Occhio alla lingua!

Asking a friend about his/her tastes

Ti piace cucinare?
         la musica?

Ti piacciono gli animali?

Occhio alla lingua!

How much do you like it?

Mi piace andare al cinema	+
Mi piace molto andare al cinema	++
Mi piace moltissimo andare al cinema	+++
Non mi piace molto andare al cinema	-
Non mi piace andare al cinema	- -
Non mi piace per niente andare al cinema	- - -

a Parla con i compagni

Look at the list of things on the right and activities and express how much you like them by putting ✓ if you like them and ✗ if you don't.

Then interview your partner by asking him/her "Ti piace/piacciono...?". When your partner asks you questions you answer by saying, for example, "mi piace/piacciono ..." or "non mi piace/piacciono ...".

	Tu	Il tuo compagno
leggere	☐	☐
ascoltare la musica	☐	☐
la pasta	☐	☐
giocare a tennis	☐	☐
ballare	☐	☐
i libri	☐	☐
cantare	☐	☐
i gatti	☐	☐
la pizza	☐	☐
i cani	☐	☐
parlare al telefono	☐	☐
i bambini	☐	☐
andare a scuola	☐	☐

b "Giocare a" o "suonare"?

Io... _____ golf _____ l'arpa _____ la batteria

_____ il violino _____ hurling _____ squash

_____ il flauto _____ badminton

E tu cosa fai?

Ascoltiamo

a Ascolta le persone

Listen to Aisling and her friends and tick what they like doing (✓) and what they don't like doing (✗)

	Aisling	Matteo	Marta	Paolo
guardare la TV	☐	☐	☐	☐
cucinare	☐	☐	☐	☐
andare al cinema	☐	☐	☐	☐
mangiare al ristorante	☐	☐	☐	☐
suonare la chitarra	☐	☐	☐	☐
suonare il pianoforte	☐	☐	☐	☐
andare in discoteca	☐	☐	☐	☐
mangiare al fastfood	☐	☐	☐	☐

b Ascolta e rispondi alle domande

How old is Lucia?

_____

Where is she from?

_____

Where does she live?

_____

What does she do?

_____

How does she like her job?

_____

What does she do in her spare time?

_____

What does she not like?

_____

Vocabolario

Qual è l'intruso? Perché?　　Es.: il rugby　　il centro sportivo　　il calcio　　il tennis

centro sportivo because it's not a sport

nuotare	viaggiare	ballare	lettera	elefante	giraffa	indirizzo	leone
chitarra	violino	arpa	concerto	telefono	penna	libri	zoo

Scriviamo

Guarda il disegno e riempi la scheda

What can you tell about Franco by just looking at the illustration?

Età _____

Nazionalità _____

Professione _____

Famiglia _____

_____

Passatempi _____

_____

_____

Gusti _____

_____

_____

Incontro 2

Il tempo libero di Claudio e Roberta

Claudio abita a Milano. Ha 30 anni. È giornalista e lavora per la TV. Il suo lavoro gli piace moltissimo perché ama scrivere e incontrare gente. Nel tempo libero esce con gli amici e va al cinema. Gli piace molto il calcio, quindi va allo stadio la domenica. Non gli piace ballare, ma gli piacciono tutti i tipi di musica.

Roberta abita a Como. Ha 25 anni ed è infermiera in un ospedale. Il suo lavoro le piace, ma è duro. Nel tempo libero le piace dormire, ma anche fare sport. Va in palestra per fare ginnastica e aerobica e in piscina per nuotare. Non le piacciono gli sport violenti come la boxe. Le piace anche dipingere, ma purtroppo non ha molto tempo.

Occhio alla lingua!

Gli piace il calcio
Le piace dormire

Occhio alla lingua!
The present tense of the verbs

ANDARE	USCIRE
(io) vado	esco
(tu) vai	esci
(Lei) va	esce
(lui) va	esce
(lei) va	esce
(noi) andiamo	usciamo
(voi) andate	uscite
(loro) vanno	escono

Rispondi alle domande

(i) Claudio likes his job because

he likes reading and writing ☐

he likes working for television ☐

he likes writing and meeting people ☐

(ii) Where does he go on Sundays?

to the cinema ☐

to the stadium ☐

to the pub ☐

(iii) Where does Roberta work?

in a hospital ☐

in a school ☐

from home ☐

(iv) What's the only problem with her job?

it's hard ☐

it's boring ☐

it's badly paid ☐

(v) Which hobby does she not have much time for?

swimming ☐

reading ☐

painting ☐

Pratica 2

a **Leggi le schede e scrivi una presentazione di questi due ragazzi!**

Nome: Laura
Età: 18
Città: Bergamo
Regione: Lombardia
Tempo libero: TV, discoteca, tennis; calcio no
Cantante preferito: Eros Ramazzotti
Cibo: pizza e gelato

Nome: Matteo
Età: 13
Città: Asti
Regione: Piemonte
Tempo libero: videogiochi, calcio, sci, musica rap
Cantante preferito: Jovanotti
Cibo: pasta; pesce no

Matteo   **Laura**

_____   _____
_____   _____
_____   _____
_____   _____
_____   _____

_____   _____
_____   _____

_____   _____
_____   _____

_____   _____
_____   _____
_____   _____
_____   _____

_____   _____
_____   _____
_____   _____

Andare o uscire?

Complete the sentences with the correct form of "andare" or "uscire".

Io _____ al cinema oggi pomeriggio.

Noi _____ogni sabato.

Voi _____ in discoteca domenica?

I miei genitori _____ al ristorante con gli amici.

Mia sorella _____ a scuola in motorino.

(Tu) _____ con me sabato pomeriggio?

Mio padre _____ per andare al lavoro.

Leggi e rispondi alle domande

Studia canto e ballo, le piace moltissimo la musica pop. La sua cantante preferita è Laura Pausini. Le piace andare a cavallo.

Suo padre è romano, sua madre è scozzese. Parla perfettamente l'inglese ed è una ragazza elegante. Le piace molto il tennis.

Marta

Roberta

Marcella

Studia canto da tre anni. Le piacciono Madonna e Bon Jovi. Fa molto sport, soprattutto nuoto.

Dominique

Veronica

Studia arte a Palermo. Ama dipingere, le piacciono i tatuaggi e la cultura indiana. Le piacciono i vestiti casual.

È determinata, ma anche dolce e romantica. La sua passione sono gli occhiali.

(adattato da Cioè, n. 16/17, 2001)

	True	False
Marcella is studying to become a singer	☐	☐
Dominique loves painting	☐	☐
Dominique likes tattoos	☐	☐
Marta likes horse-riding	☐	☐
Veronica is shy	☐	☐
Veronica likes glasses	☐	☐
Roberta's mother is Irish	☐	☐
Roberta loves swimming	☐	☐

Occhio alla lingua!

La sua cantante preferita

La sua passione

Sua madre

I giovani italiani e il tempo libero

Vanno abbastanza spesso al cinema, ma non vanno quasi mai a

Vanno in discoteca quasi ogni fine

Vanno a mangiare una pizza con gli amici circa una volta alla settimana.

Quando hanno i soldi e il permesso dei genitori vanno a un concerto rock.

Guardano sempre la TV, quasi ogni sera.

Leggono spesso una rivista. Ogni tanto leggono anche un libro. Non leggono quasi mai un quotidiano.

Fanno sport due o tre volte alla settimana.

Parlano molto spesso al telefono con gli amici, soprattutto le ragazze.

Non visitano quasi mai un museo.

E i giovani irlandesi?

Occhio alla lingua!

Come esprimere la frequenza

Non vado **quasi mai** al cinema	-
Non vado **mai** al cinema	- -
Ogni tanto vado al cinema	+
Vado **abbastanza spesso** al cinema	++
Vado **spesso** al cinema	+++
Vado **molto spesso** al cinema	++++
Vado **sempre** al cinema	+++++

Altre espressioni

Vado al cinema **una volta/due volte alla settimana**

Vado al cinema **una volta/due volte all'anno**

Vado al cinema **ogni sabato/giorno/fine settimana**

Pratica 3

a Con che frequenza fai queste cose?

Work with a partner. Ask each questions like "Con che frequenza studi italiano?".
Your partner says, for example "ogni tanto studio italiano" and you mark the right box.

	mai	quasi mai	ogni tanto	spesso	sempre
Studiare italiano	☐	☐	☐	☐	☐
Guardare la TV	☐	☐	☐	☐	☐
Uscire la sera	☐	☐	☐	☐	☐
Giocare a tennis	☐	☐	☐	☐	☐
Cucinare	☐	☐	☐	☐	☐
Scrivere messaggi con il telefonino	☐	☐	☐	☐	☐
Parlare al telefono	☐	☐	☐	☐	☐
Andare a una festa	☐	☐	☐	☐	☐
Visitare un museo	☐	☐	☐	☐	☐
Giocare con il computer	☐	☐	☐	☐	☐

b Now you tell the rest of the class the differences between you and your partner.
E.g. "Io studio spesso italiano, Paul ogni tanto"

102

Ascolta e ripeti *il suono "sc"*

scatola	Mosca	scambio	disco	ascoltare	casco
scuola	scusa	discutere	scena	pesce	scelta
sciare	lisci	sciarpa	dischetto	maschio	

Have you noticed that the pronunciation of the sound "sc" changes? Can you work out how? Discuss it with your teacher!

Lo sapevi che...?

(a) (i) La discoteca

Quasi tutti i giovani amano andare in discoteca per fare quattro salti, soprattutto il fine settimana. Il look è molto importante e le ragazze non sono mai pronte! Ci sono discoteche differenti per adulti, giovani e giovanissimi. In discoteca non è possibile parlare perché la musica è troppo forte. I giovani non vanno mai in discoteca soli, ma sempre con amici: il gruppo è fondamentale!

(ii) Leggi e rispondi alle domande

Answer the questions by putting the correct numbers in the boxes.

Occhio alla parola!

fare quattro salti è una espressione idiomatica che significa "to dance" (literally "to make four jumps")

1 DISCOTECA ALIEN
Via Velletri 13-19 . Aperta solo sabato e martedì. Apertura 23-4 Ingresso €10. Discoteca molto popolare tra i giovani e i giovanissimi. Soprattutto musica house e revival.

2 DISCOTECA FORUM
Foro Italico. Apertura 23-4 Non chiude mai. Discoteca all'aperto, sempre piena. I dj sono: Ralf Coccoluto, Massimiliano Lippoli e Ricky Montanari.

3 DISCOTECA LIVINGJOY
Via Casal del Marmo 682. Aperta solo venerdì, sabato e domenica. Apertura 23-4. Ingresso €8-10. Il primo "pizzadance" di Roma, dove è possibile prendere una pizza

Which disco

is not open on Sundays?

serves food?

is particularly popular among young people?

is always open?

Occhio alla parola!

all'aperto significa "al fresco", "open air"

b Il Festival di Sanremo Festival della canzone italiana

Il Festival della canzone italiana nasce nel 1951. Ha luogo ogni anno in febbraio nel Teatro Ariston di Sanremo.
Oggi il Festival presenta anche ospiti stranieri e personaggi del cinema e dello spettacolo in genere.
Sanremo è in Liguria ed è una cittadina di mare famosa anche per i fiori e per il casinò.

Il personaggio

I GAZOSA

Jessica, Federico, Valentina e Vincenzo sono i Gazosa, band giovanissima che nasce nel 1999. Nel 2001 vincono al Festival di Sanremo, sezione Giovani, con la canzone **Stai con me (forever)**.
Jessica Morlacchi ha 13 anni e abita a Roma. Suo padre è musicista. Comincia a suonare il basso a 8 anni. È la cantante e bassista del gruppo.
Federico Paciotti ha 13 anni ed è di Roma. È il chitarrista del gruppo. Suona la chitarra da quando ha 7 anni.
Valentina Paciotti è la sorella di Federico. Ha 16 anni e suona le tastiere.
Vincenzo Siani è di Cetara, in provincia di Salerno, e ha 14 anni. Suona la batteria.

Visita il sito dei Gazosa: www.gazosa.it

Vocabolario

These pictures represent musical instruments mentioned in the text. Can you write their name under them?

Occhio alla lingua!

lo strumento	la persona
il basso	il/la bassista
la tastiera	il/la tastierista
la chitarra	il/la chitarrista
la batteria	il/la batterista

Scriviamo

Rispondi a questo annuncio:

Ciao! Cerco ragazzi e ragazze di 13-18 anni che suonano bene il basso, la batteria e il violino e che cantano. Se siete interessati, mandate una foto con i vostri dati personali a:

Deborah Bosio, Via Greppi 3/c, 20090 Trezzano sul Naviglio (Milano)

S.O.S. BAND

Facciamo il punto

Now you can: Talk about your pastimes
Talk about music and musical instruments
Express frequency
Express tastes

Mi piace/piacciono...

Grammatica

a Expressing your tastes

Mi piace	la pasta andare al cinema
Mi piacciono	i dolci

"Mi piace" is followed by a verb in the infinitive or by a singular noun, whereas "mi piacciono" is followed by a plural noun.

b Asking a friend about his/her tastes

Ti piace	la pasta? andare al cinema?
Ti piacciono	i dolci?

105

c Talking about another person's tastes

About a man

Gli piace	la pasta andare al cinema
Gli piacciono	i dolci

About a woman

Le piace	la pasta andare al cinema
Le piacciono	i dolci

d Saying "a lot" and "quite" with a verb

When using "molto", and "abbastanza", remember they always stay the same when they accompany a verb.

E.g. Piero mangia molto
Elisa dorme molto
Mi piace abbastanza la pizza

e How to say "to play"

Giocare a (with sports and table games)

Giocare a	tennis
	golf
	calcio
	rugby
	hurling
	squash
	Monopoli
	Scarabeo (Scrabble)

Suonare (with musical instruments)

Suonare	il pianoforte
	il flauto
	la batteria
	la chitarra

f The present tense of the verbs "andare" and "uscire"

ANDARE (to go)

(io) vado
(tu) vai
(Lei) va
(lui) va
(lei) va
(noi) andiamo
(voi) andate
(loro) vanno

USCIRE (to go out)

esco
esci
esce
esce
esce
usciamo
uscite
escono

g Prepositions with the verb "andare" (1)

ANDARE			
IN	**A**	**AL**	**ALLO**
discoteca	scuola	cinema	stadio
palestra	teatro	ristorante	
piscina	una festa		

106

h Nouns in -ema

Nouns ending in -ema are masculine. Here are some common ones:

il cinema	cinema
il problema	problem
il sistema	system
il tema	theme, composition

There is only one exception, which is feminine:

la crema   custard

i Nouns ending in -ista

The nouns ending in -ista are both masculine and feminine.

For example:

il dentista	la dentista
il farmacista	la farmacista
il pianista	la pianista
il giornalista	la giornalista

l Expressing possession (feminine singular)

La mia	
La tua	cantante preferita
La sua	

m Expressing possession with family members in the singular (2)

MASCULINE	FEMININE
MIO padre	**MIA** madre
TUO padre	**TUA** madre
SUO padre	**SUA** madre

n Expressing frequency

Words expressing frequency generally go immediately after the verb:

Non vado **mai** al cinema
Non vado **quasi mai** al cinema
Vado **abbastanza spesso** al cinema
Vado **spesso** al cinema
Vado **molto spesso** al cinema
Vado **sempre** al cinema

"Ogni tanto" goes before the verb:

Ogni tanto vado al cinema

Expressions like "una volta all'anno", "una volta alla settimana", "ogni sabato" etc. go at the end of the sentence:

Vado al cinema **una volta alla settimana**

Parole importanti

Verbi

andare a cavallo	to ride a horse
cucinare	to cook
dipingere	to paint
giocare	to play
guardare	to watch
incontrare	to meet
nuotare	to swim
piacere	to like
suonare	to play (an instrument)

Strumenti musicali

l'arpa	harp
la batteria	drums
la chitarra	guitar
il flauto	flute
il piano(forte)	piano
il violino	violin

La frequenza

abbastanza spesso	quite often
due volte alla settimana	twice a week
molto spesso	very often
non...quasi mai	hardly ever
non...mai	never
ogni fine settimana	every week-end
ogni tanto	now and then
sempre	always
spesso	often
una volta alla settimana	once a week

Parole varie

duro	hard
la fantascienza	science fiction
il lavoretto	little job
la rivista	magazine
romantico	romantic
il romanzo	novel
il tatuaggio	tattoo
i vestiti	clothes

Sport

il badminton	badminton
la boxe	boxing
il golf	golf
l'hurling	hurling
il nuoto	swimming

Parole nuove nella sezione "Fonologia"

il casco	helmet
il dischetto	floppy disk
il disco	record, disk
discutere	to discuss
il maschio	male
Mosca	Moscow
lo scambio	exchange
la scatola	box
la scelta	choice
la scena	scene
sciare	to ski
la sciarpa	scarf
la scusa	excuse

Parole nuove nella sezione "Lo sapevi che...?"

a

aperto	open
l'apertura	opening
l'ingresso	admission
pieno	full

b

avere luogo	to take place
la cittadina	town
febbraio	February
oggi	today
l'ospite	guest
lo spettacolo	show-biz
straniero	foreign

Parole nuove nella sezione "Il personaggio"

il/la bassista	bass player
il basso	bass
il/la cantante	singer
cantare	to sing
il/la chitarrista	guitar player
mandare	to send
il/la musicista	musician
le tastiere	keybords
vincere	to win

Unità 10

W lo sport

In this unit you will learn about…
Sports and sports venues
Football in Italy
Enzo Ferrari

You will also learn how to…
Use the indefinite article (2)
Use verbs ending in –care and –gare
Use prepositions with the verb "andare" (2)
Pronounce the letter "z"

109

a **Leggi e riempi la griglia** *Che sport fai?*

Mi chiamo Giacomo e mi piace molto lo sci. D'inverno vado in montagna a sciare ogni fine settimana. La montagna è meravigliosa e mi piace stare all'aria aperta.

Mi chiamo Flavio e sono sportivo. Mi piace moltissimo il calcio e gioco con gli amici ogni sabato in un campo da calcio. Tifo per la Juventus e vado allo stadio ogni domenica.

Mi chiamo Eleonora e adoro lo sport. Gioco a tennis due volte alla settimana in un campo da tennis all'aperto.

Mi chiamo Sara e mi piace moltissimo il nuoto. Vado in piscina ogni giorno. D'estate vado al mare.

Occhio alla lingua!

D'estate significa "in the summer"
D'inverno significa "in the winter"

Tifo per la Juventus significa "I support Juventus"

	Sport	Where	How often
Flavio			
Eleonora			
Giacomo			
Sara			

b **Ascolta il dialogo e rispondi alle domande dell'insegnante**

Paolo	Aisling, ti piace lo sport?
Aisling	Sì, mi piace molto nuotare. Vado in piscina tre volte alla settimana. E tu sei sportivo?
Paolo	Abbastanza. Mi piace molto il calcio, ma non gioco. Tifo per la Roma e vado spesso allo stadio. Ci sono sport tipicamente irlandesi?
Aisling	Sì, abbiamo il calcio gaelico, dove è possibile toccare la palla con le mani, e l'hurling, che è uno sport molto antico.

Pratica 1

Guarda i disegni. Quali sport rappresentano?

ginnastica	☐	ciclismo	☐
sci	☐	tennis	☐
judo	☐	bowling	☐
golf	☐	pallacanestro	☐
calcio	☐	equitazione	☐
ping-pong	☐	nuoto	☐

111

Vocabolario

ⓐ Qual è l'intruso? Perché?

nuoto	sci nautico	vela	tennis
tennis	ginnastica	golf	ping-pong
squash	badminton	ciclismo	body building
calcio	pallanuoto	pallavolo	sci
calcio	nuoto	pallacanestro	pallavolo

ⓑ Dove?

Where do you practice the following sports?

golf	calcio	tennis	ginnastica
nuoto	sci	body building	squash
vela	sci nautico	equitazione	windsurf

Campo	Piscina	Maneggio	Palestra	Mare	Montagna

Leggiamo

Leggi e rispondi alle domande

Per imparare a giocare a calcio e capire se sei
un potenziale campione, vai al Sestrieres (in Piemonte).
L'allenatore si chiama Antonio Cuccureddu.
Tra una partita e l'altra, impari anche l'inglese.
I corsi sono per ragazzi da sei a diciassette anni
e sono organizzati in cinque periodi di una settimana
dal 20 luglio al 23 agosto. Gli studenti hanno tre ore
sul campo da calcio e due ore dedicate allo studio
dell'inglese con insegnanti madrelingua e l'aiuto
del computer. In più, feste, escursioni,
mountain bike e piscina.
Una settimana di Football Camp
costa 250 euro, con uno sconto di 50 euro
se porti un amico o se prenoti più di una settimana.

(adattato da In vacanza/Campania)

Who are the courses for?

_____

How long do the students train every day?

_____

What other help do the students get for learning English, apart from their teacher?

_____

What extra activities are available at the camp?

_____

Name one way to get a discount on the cost of attending the camp?

_____

Incontro 2

Irene writes to her Irish friend Alannah about her favourite sport.

>
>
Cara Alannah,
Il mio sport preferito è la pallavolo, uno sport molto popolare tra le ragazze italiane, infatti la nazionale femminile di pallavolo è tra le prime in Europa. È possibile giocare a pallavolo a scuola, in palestra, al mare. Io vado in palestra con un'amica tre volte alla settimana: lunedì, mercoledì e venerdì. Giochiamo in una squadra e vinciamo abbastanza spesso! Mi piace la pallavolo perché è uno sport di squadra e perché sono competitiva. E tu? Qual è il tuo sport preferito? Rispondimi presto!
>
Irene
>

>
>
Cara Alannah,

Il mio sport preferito è la pallavolo, uno sport molto popolare tra le ragazze italiane, infatti la nazionale femminile di pallavolo è tra le prime in Europa. È possibile giocare a pallavolo a scuola, in palestra, al mare. Io vado in palestra con un'amica tre volte alla settimana: lunedì, mercoledì e venerdì. Giochiamo in una squadra e vinciamo abbastanza spesso! Mi piace la pallavolo perché è uno sport di squadra e perché sono competitiva. E tu? Qual è il tuo sport preferito? Rispondimi presto!
>
Irene
>

Pratica 2

a Quale verbo?

Complete the passage with the correct form of the verbs **pagare, giocare, litigare.**

"Io ho una sorella. Siamo molto sportive. Io _____ a golf, mia sorella _____ a badminton. Ogni sabato noi _____ a tennis insieme. I nostri genitori non _____ molto per i nostri sport, sono abbastanza economici. Io e mia sorella siamo molto amiche e non _____ mai."

b Quale articolo?

Put the words in the box in the appropriate category.

aspirina	stadio	edicola	zio	zoo
ora	studente	autostrada	estate	attrice
zero	infermiera	idea	sport	

UN'	UNO

Rispondi a Irene! Write an e-mail to Irene telling her what your favourite sport is, how often and where you play, and why you like it.

>
> Cara Irene,
>
>
>

Ascoltiamo

Ascolta e rispondi alle domande

(i)

Name two sports available at the campsite.

_____

_____

(ii)

What will you do in the afternoons?

walks in the mountains ☐

excursions on mountain bike ☐

French classes ☐

(iii)

Who is the camp for?

young people aged 12-15 ☐

young people aged 12-17 ☐

young people aged 14-17 ☐

(iv)

For more information, which number should you ring?

0328553655 ☐

0328653655 ☐

0328753655 ☐

Fonologia

ⓐ **Ascolta e ripeti** *la lettera "z"*

zoo	zucchero	lezione	polizia	stazione
anziano	zebra	colazione	azione	zeta

ⓑ **Ascolta e scrivi le parole**

_____

_____

_____

_____

115

DOSSIER CALCIO

Le parole del calcio

Match the word on the left with its definition on the right.

(i) l'arbitro   (a) la persona che va allo stadio

(ii) il portiere   (b) l'oggetto indispensabile per giocare a calcio

(iii) il tifoso   (c) la persona che regola il gioco

(iv) il pallone   (d) la persona che para i gol, che protegge la porta

(v) il campo   (e) il posto dove ha luogo la partita

(vi) la squadra   (f) la porta dove entra il pallone

(vii) la rete   (g) il gruppo di 11 calciatori

(viii) il calciatore   (h) la serie di partite durante l'anno

(ix) l'allenatore   (i) la persona che gioca la partita

(x) il campionato   (l) fare gol

(xi) segnare   (m) la persona che allena i calciatori

(xii) lo scudetto   (n) il trofeo che una squadra vince alla fine del campionato

Breve storia del calcio

Il gioco della palla è già popolare in epoca greca e romana.
Il gioco del calcio come è oggi nasce in Inghilterra nel 1863 e poi è esportato in tutta Europa. In Italia è introdotto da un commerciante, Edoardo Bosio.
Il primo campionato italiano ha luogo in un solo giorno nel 1898, con quattro squadre. La prima squadra campione è il Genoa.
Quasi tutte le città italiane hanno una squadra, ma cinque città hanno due squadre: Roma (la Roma e la Lazio), Milano (il Milan e l'Inter), Torino (il Torino e la Juventus), Genova (il Genoa e la Sampdoria) e Verona (il Verona e il Chievo).

Una squadra famosa - il Grande Torino

Il 4 maggio 1949 l'aereo che riporta a casa la squadra di calcio del Torino da un'amichevole a Lisbona si schianta (**crashes**) contro la collina di Superga, vicino a Torino. Muoiono tutti: giocatori, giornalisti, tecnici ecc. Muore così un mito del calcio italiano, una squadra capace di vincere cinque scudetti consecutivi e di avere in Nazionale 10 giocatori su 11!!

Il Grande Torino è morto, ma diventa una leggenda.

> **Occhio alla parola!**
>
> **un'amichevole** significa "a friendly match"

Gli Azzurri

La Nazionale italiana è famosa come "gli Azzurri".
Il colore della maglia deriva dallo stemma della famiglia reale Savoia, che ha la fascia azzurra. Così, in omaggio ai Savoia, il 6 gennaio 1911 la Nazionale di calcio gioca la sua prima partita contro l'Ungheria con la maglia azzurra. Gli Azzurri vincono tre volte ai Mondiali di calcio: nel 1934, nel 1938 e nel 1982. L'Italia ospita i campionati mondiali di calcio due volte: nel 1934 e nel 1990.

> **Occhio alla parola!**
>
> **lo stemma** significa "coat of arms"
>
> **la fascia** significa "strip, band"
>
> **ospita** significa "hosts"

Squadre maschili, squadre femminili

The words for some football teams are masculine in Italian, others are feminine. This is because some imply the masculine word "club", while others imply the feminine word "squadra" (team). It's not a vital piece of information, but you might be curious to know what the most famous ones are called:

Maschili	Femminili
il Torino	la Roma
l'Inter	la Lazio
il Milan	la Juventus
il Napoli	la Sampdoria

La schedina

Molti italiani fanno la schedina ogni settimana. Per vincere è necessario "fare 13", cioè indovinare i risultati di tutte le partite. Tutti gli italiani sognano di fare 13 almeno una volta per vincere molti soldi!

I quotidiani sportivi

L'Italia è forse l'unico Paese che ha quotidiani sportivi:

La Gazzetta dello Sport (Milano)

Tuttosport (Torino)

Corriere dello Sport/Stadio (Roma e Bologna)

E ora rispondi alle domande

Where was modern soccer born?

_____

Which Italian cities have two football teams?

_____

What was special about the football team known as "Il Grande Torino"?

_____

_____

What does "fare 13" mean?

_____

_____

ENZO FERRARI

È famoso come "Il grande vecchio".
È il fondatore della Scuderia Ferrari di Maranello.

Completa la sua biografia!

Complete Enzo Ferrari's biography with the words in the box.

nel	va	la(2)	lavora	a(2)
di		per	riceve	in

1898	Nasce _____ Modena, _____ Emilia-Romagna, il 18 febbraio.
1918	_____ a Torino, dove _____ come collaudatore di macchine.
1919	Partecipa alla corsa Parma-Berceta e partecipa alla Targa Florio.
1920	Passa all'Alfa Romeo, dove rimane _____ venti anni.
1929	Fonda _____ Scuderia Ferrari.
1943-46	Trasferisce la Ferrari _____ Maranello, in provincia di Modena. _____ 1946 comincia _____ costruzione della prima vettura Ferrari.
1950	La Ferrari partecipa al primo Campionato _____ Formula 1
1952-1987	_____ molti premi.
1988	Muore il 14 agosto.

Occhio alla parola!

collaudatore significa "tester"
corsa significa "race"
trasferire significa "to move/to transfer"
vettura è un'altra parola per dire "macchina"

Now you can: Talk about sports and sports venues
Complete a biography

Grammatica

a A feminine word ending in -o

La mano is the only common Italian feminine word ending in -o. The plural is **le mani**.

b The indefinite article (2)

The following table illustrates the use of the indefinite articles (the equivalent of "a", "an"), two of which you've seen before:

UN	UNA	UNO	UN'
fratello cane amico	sorella cugina famiglia	sport zoo	amica
with masculine nouns beginning with a consonant or with a vowel	with feminine nouns beginning with a consonant	with masculine nouns beginning with s + consonant or with z	with feminine nouns beginning with a vowel

c The present tense of verbs ending in -care and -gare

The verbs ending in -care and -gare require an **h** before endings which begin with **e** or **i**, in order to keep the sound:

GIOCARE		PAGARE
(io)	gioco	pago
(tu)	giochi	paghi
(Lei)	gioca	paga
(lui)	gioca	paga
(lei)	gioca	paga
(noi)	giochiamo	paghiamo
(voi)	giocate	pagate
(loro)	giocano	pagano

d Prepositions with the verb "andare" (2)

ANDARE	
IN	AL
montagna	mare

120

Parole importanti

Sport

il bowling	bowling
il calcio	football
il ciclismo	cyling
l'equitazione	horse-riding
la ginnastica	gymnastics
il judo	judo
la pallacanestro	basketball
la pallanuoto	water-polo
la pallavolo	volleyball
il ping-pong	table tennis
lo sci	skiing
lo sci nautico	water-skiing
lo squash	squash
il tennis	tennis
la vela	sailing
il windsurf	windsurfing

Il calcio

l'allenatore	coach
l'amichevole	friendly match
l'arbitro	referee
il calciatore	footballer
il campionato	championship
il campo da calcio	football pitch
il giocatore	player
la maglia	jersey
la Nazionale	national football team
il pallone	ball
la partita	match
il portiere	goalkeeper
la rete	goal
la schedina	football pools coupon
lo scudetto	shield
segnare	to score
la squadra	team
il tifoso	supporter

Verbi

capire	to understand
imparare	to learn
prenotare	to book
sciare	to ski
tifare	to support
toccare	to touch

Parole varie

all'aperto	outdoors
campione	champion
competitivo	competitive
indovinare	to guess
il quotidiano	daily paper
sognare	to dream
lo sport di squadra	team sport

Parole nuove nella sezione "Fonologia"

l'azione	action
la colazione	breakfast
la lezione	lesson
la zeta	zed
lo zucchero	sugar

Parole nuove nella sezione "Il personaggio"

la corsa	race
la costruzione	construction
fondare	to found
partecipare	to take part
ricevere	to receive, to get
rimanere	to remain, to stay

Unità 11

Che ore sono?

In this unit you will learn about…
Times and timetables in Italy
The typical day of an Italian student

You will also learn how to…
Ask and say what time it is
Say at what time you do things
Say from what time to what time you do things
Use prepositions with articles (1)
Use reflexive verbs
Use some expressions with the verb "fare"
Pronounce the letter "j"

Ascolta i dialoghi

Che ore sono?

(i) Che ore sono?
È l'una
Andiamo a mangiare!

(ii) Che ora è?
Sono le cinque e un quarto
Andiamo in piscina!

(iii) Che ore sono?
Sono le otto e mezzo
Guardiamo la TV!

(iv) Che ora è?
È mezzanotte meno un quarto
Andiamo a dormire!

Occhio alla lingua!

Asking what time it is and telling the exact time.

Che ore sono?/Che ora è?

È

mezzogiorno	it's noon
mezzanotte	it's midnight
l'una	it's one o' clock

Sono

le due	it's 2.00		
le tre	it's 3.00		
le quattro	it's 4.00		
le cinque	it's 5.00		
le sei	it's 6.00		
le sette	it's 7.00		
le otto	it's 8.00		
le nove	it's 9.00		
le dieci	it's 10.00		
le undici	it's 11.00		

What about the minutes?

10,05	**Sono le dieci e cinque**
10,10	**Sono le dieci e dieci**
10,15	**Sono le dieci e un quarto**
10,20	**Sono le dieci e venti**
10,25	**Sono le dieci e venticinque**
10,30	**Sono le dieci e mezzo/a**
10,35	**Sono le dieci e trentacinque**
10,40	**Sono le undici meno venti**
10,45	**Sono le undici meno un quarto**
10,50	**Sono le undici meno dieci**
10,55	**Sono le undici meno cinque**

🔉 Guarda i disegni. Che ore sono?

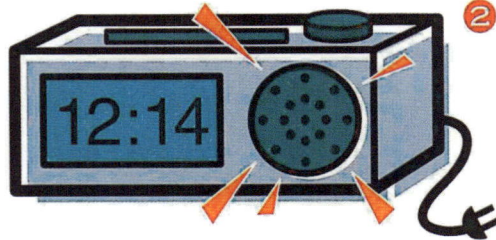

1. _____
2. _____
3. _____
4. _____
5. _____
6. _____
7. _____
8. _____
9. _____
10. _____
11. _____

124

b Inserisci le lancette!

What time is it? Draw the hands on the clocks.

È mezzanotte

Sone le due meno dieci

Sono le quattro e mezza

È l'una

Sono le sei e un quarto

Sono le otto e trentacinque

Sono le undici

Sono le due meno un quarto

c Ora ascolta e inserisci le lancette

Listen and draw the hands on the clocks.

Guarda la vignetta

A CHE ORA DEVI TORNARE A CASA LA SERA?

ALLE DIECI SE VADO DOVE MI DIVERTO. DOPO MEZZANOTTE SE ESCO CON I MIEI.

Pat

(Per gentile concessione di Pat Carra)

Occhio alla lingua!

mi diverto significa
"I enjoy myself"

i miei significa
"i miei genitori"

Occhio alla lingua!

Asking at what time something happens

A che ora?

A che ora torni a casa?

A mezzogiorno
All'una   (a + l' = all')
Alle due   (a + le = alle)

Pratica 2

a La mia giornata tipica

Write at what time you do the following things.

Mi sveglio	_____	Torno a casa	_____
Mi alzo	_____	Faccio i compiti	_____
Faccio la doccia	_____	Faccio sport	_____
Faccio colazione	_____	Ceno	_____
Vado a scuola	_____	Guardo la TV	_____
Pranzo	_____	Vado a dormire	_____

b La giornata tipica di Aisling in Italia

Aisling talks about her typical day in Italy. Match the pictures with the captions.

Alle otto e mezzo ceno con la mia famiglia.

Alle tre faccio i compiti.

Esco di casa alle sette e trentacinque e arrivo a scuola alle otto meno cinque.

La mattina mi alzo alle sette e faccio subito la doccia.

Alle sette torno a casa e ascolto un po' di musica o vado su Internet!

All'una e mezza torno a casa e pranzo.

Faccio colazione alle sette e mezza.

Alle cinque e mezza vado in piscina.

Alle undici facciamo ricreazione per dieci minuti.

Alle undici di sera vado a dormire

Alle nove guardo la TV o leggo un po'.

Le lezioni cominciano alle otto. Ogni mattina ho cinque ore di lezione.

127

Occhio alla parola!

In the activities above you have seen some expressions with the verb "fare".

fare la doccia significa "to have a shower"
fare colazione significa "to have breakfast"
fare i compiti significa "to do one's homework"
fare ricreazione significa "to have a break" (only in school!)

Ascoltiamo

Ascolta e riempi la griglia

	Aisling	Matteo
fa colazione		
va a scuola		
fa ricreazione		
torna a casa		
fa i compiti		
cena		

Incontro 3

Leggi questi due brani

Antonio Caputo abita a Napoli con la famiglia. È sposato e ha una bambina. Lavora in banca. Il suo lavoro non gli piace molto. La mattina si alza alle sette, si fa la barba e si veste. Fa colazione al bar. Comincia a lavorare alle otto e mezzo. Ha un'ora di pausa per il pranzo dall'una alle due. Lascia l'ufficio alle cinque e arriva a casa alle sei meno un quarto. Cena alle nove con sua moglie. Va a letto alle undici e si addormenta a mezzanotte.

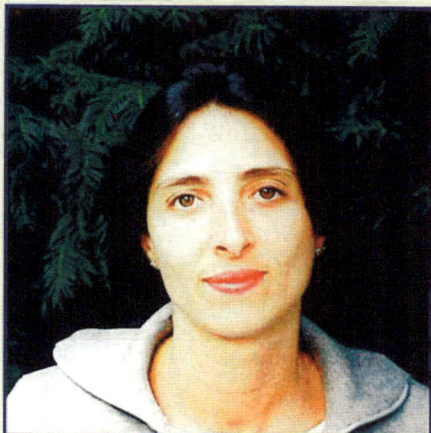

Ornella Camerini ha 32 anni e abita a Brescia. Divide un appartamento con un'amica. Lavora in un'agenzia di viaggi. La mattina si alza alle sette e un quarto, si lava, si veste, e fa colazione. Comincia a lavorare alle nove e torna a casa alle sei. Dopo cena spesso esce con gli amici e va a dormire a mezzanotte. Il sabato lavora dalle nove all'una. Il suo lavoro le piace perché incontra tanta gente e ha sconti per i viaggi.

Occhio alla lingua!

How to express a period of time (from...to...)

Da mezzogiorno **all'**una
Dall'una **alle** due
Dalle due **alle** tre

Da + **l'** = **dall'**
Da + **le** = **dalle**

Occhio alla lingua!

Reflexive verbs

You recognise reflexive verbs in Italian because they end in -si. For example:
svegliarsi (to wake up), **alzarsi** (to get up), **farsi la barba** (to shave), **vedersi** (to see oneself), **lavarsi** (to wash oneself), **vestirsi** (to get dressed).

Let's look at the first three persons only:

ALZARSI	VEDERSI	VESTIRSI
(io) mi alzo	mi vedo	mi vesto
(tu) ti alzi	ti vedi	ti vesti
(Lei) si alza	si vede	si veste
(lui/lei) si alza	si vede	si veste

Pratica 3

Scrivi delle frasi secondo l'esempio

Susanna/lavorare/9-15   **Susanna lavora dalle nove alle tre**

Michele/pranzare/1,30-14,30 _____

Angela/cenare/20,30-21,00 _____

Io/lavorare/14,00-18,00 _____

Stefano/studiare/15,00-17,30 _____

Luisa/andare in palestra/16,00-17,00 _____

Tu/fare colazione/7,15-7,30? _____

Io/guardare la TV/12,00-13,00 _____

Marco/dormire/24,00-7,00 _____

129

b Completa il testo

Complete the text with the correct form of the reflexive verbs in brackets.

Marta va in vacanza a Tropea, in Calabria. A Tropea il mare è bellissimo e ci sono molti giovani, quindi Marta (divertirsi) _____ molto.

La mattina va in spiaggia, (sdraiarsi) _____ al sole e fa il bagno. Le piace molto giocare a pallavolo e ogni tanto (allenarsi) _____ sulla spiaggia. Dopo pranzo (riposarsi) _____ e legge per un po', poi torna in spiaggia. La sera (prepararsi) _____ per uscire: va a ballare, o a mangiare un gelato, o a fare una grigliata con gli amici. Quando torna a casa va a letto e (addormentarsi) _____ subito.

Occhio alla parola!

fare il bagno significa "to go for a swim"
una grigliata significa "a barbecue"
sdraiarsi significa "to lie down"
allenarsi significa "to train"
addormentarsi significa "to fall asleep"
prepararsi significa "to get ready"

c Parla con un compagno

(i) Interview a partner asking him/her at what time he/she does things. As a reference you can use the activity in Pratica 2/a.

E.g.
A che ora ti svegli?   Mi sveglio alle sette
A che ora ti alzi?   Mi alzo alle sette e un quarto

(ii) Ora scrivi un testo sul/sulla tuo/a compagno/a: **Anthony/Emily si sveglia alle sette, si alza alle sette e un quarto...**

a **Leggi le pubblicità e rispondi alle domande**

BIBLIOTECA

Aperta dal lunedì al venerdì dalle 9,00 alle 18,00, con orario continuato.
Aperta il sabato dalle 9 alle 13. In biblioteca è vietato mangiare e scrivere sui libri.

PISCINA COMUNALE

Aperta tutti i giorni dalle 9,30 alle 18,00.

Ingresso gratuito per i bambini fino a dodici anni.

Ingresso vietato agli animali.

BANCA

Aperta dal lunedì al venerdì la mattina dalle 8,30 alle 13,30
e il pomeriggio dalle 14,30 alle 16,00.

MUSEO
D'ARTE
MODERNA

Aperto dalle 9,00 alle 19,00
venerdì e sabato fino alle 22,00
Chiuso il lunedì
Ingresso €7
gratuito fino a 18 anni e oltre 60 anni.

(i) **Who gets free admission to the swimming pool?**

elderly people ☐

girls ☐

children ☐

(iii) **What are you not allowed to do in the library?**

eat and write on books ☐

eat and drink ☐

drink and photocopy books ☐

(ii) **Who is not admitted to the swimming pool?**

_____

When is the museum closed?

_____

Who gets free admission to the museum?

_____

(iv) **The bank does not close for lunch**

True ☐

False ☐

Leggi e rispondi alle domande

1 **Museo dei distributori di benzina**

Dov'è: a Palazzolo Milanese (Milano), Via Tirano 14
Orario: su appuntamento
Ingresso: gratuito
Cosa c'è da vedere: una collezione di 8.000 pezzi a partire dai primi dieci anni del '900. È unica al mondo.

2 **Museo della pasta**

Dov'è: a Roma, Piazza Scanderberg 17
Orario: aperto tutti i giorni dalle 9,30 alle 17,30; chiuso nelle festività nazionali
Ingresso: a pagamento
Cosa c'è da vedere: la ricostruzione della storia della pasta e dei procedimenti per farla.

3 **Museo del motociclo e dello scooter**

Dov'è: a Rimini, Via Casalecchio 11
Orario: aperto tutti i giorni dalle 10,00 alle 12,30 e dalle 15,00 alle 19,00; chiuso il lunedì
Ingresso: a pagamento
Cosa c'è da vedere: 180 moto dall'inizio del '900 a oggi.

4 **Museo del riciclo dei rifiuti**

Dov'è: a Torino, Via Livorno 60
Orario: dal lunedì al sabato dalle 9,00 alle 16,00; domenica dalle 15,00 alle 19,00; per i gruppi si consiglia la prenotazione
Ingresso: a pagamento
Cosa c'è da vedere: è un museo multimediale che fa vedere le diverse possibilità di riciclare i rifiuti. Ci sono laboratori di manualità in cui bambini e ragazzi possono imparare l'arte del riciclo.

5 **Museo degli agrumi**

Dov'è: a Reggio Calabria, Via Generale Tommasini 2
Orario: dal lunedì al venerdì dalle 16,00 alle 20,00; chiuso sabato e domenica.
Ingresso: gratuito
Cosa c'è da vedere: una raccolta di documenti e strumenti per l'estrazione delle essenze dagli agrumi.

Which museum/s	
is closed on Mondays? ☐	only closes on national holidays? ☐
opens by appointment? ☐	are free? ☐ ☐
	is closed at the week-end? ☐

Ascolta e ripeti *la lettera "j"*

| Jacopo | jazz | jet | Jolanda | jolly | judo |

Did you notice that there are two pronunciations for the letter "j"? What are they?

Lo sapevi che...?

Gli orari in Italia

Generalmente i negozi sono aperti dalle 9 alle 13 e dalle 16 alle 20, con una lunga pausa per il pranzo. Nel centro delle grandi città sono aperti dalle 9 alle 19,30-20 con orario continuato. I negozi chiudono la domenica e anche mezza giornata durante la settimana, il lunedì mattina per i negozi in generale e il giovedì pomeriggio per i negozi di alimentari.

Di solito i grandi magazzini fanno orario continuato.

Generalmente le banche sono aperte dalle 8,30 alle 13-13,30 e poi il pomeriggio per circa un'ora o un'ora e mezza. Alcune banche fanno orario continuato.

Le edicole sono aperte dal lunedì al sabato con un orario continuato molto lungo. La domenica sono aperte solo la mattina.

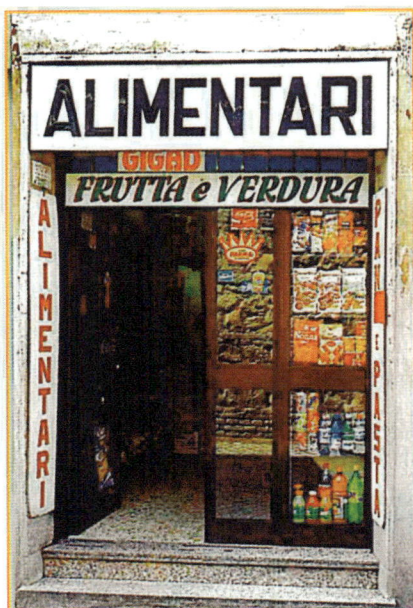

Gli uffici postali piccoli sono aperti dalle 8 alle 14. Alcuni uffici postali grandi sono aperti dalle 8 alle 18-19.

I bar sono aperti dalle 6,30-7 alle 20-21. Chiudono un giorno alla settimana, di solito domenica o lunedì.

Now you can:	Ask what time it is	Che ore sono? Che ora è?
	Say what time it is	È mezzogiorno Sono le due
	Ask at what time something happens	A che ora...?
	Say at what time something happens	A mezzogiorno All'una Alle due
	Say from what time to what time something happens	Da...a..., da...all', dalle...alle... etc.
	Recognise and use reflexive verbs	alzarsi, lavarsi, vestirsi etc.

Grammatica

a Prepositions + article (1)

In Italian, some prepositions combine with the article that follows them to form one word. This is what you've seen in learning to talk about the time:

	L'	LE
A	all'	alle
DA	dall'	dalle

b Asking and saying what time it is

Asking
Che ore sono?
Che ora è?

Saying

È	mezzogiorno	Sono	le due
	mezzanotte		le tre
	l'una		...
			otto
			...
			undici

c Asking and saying at what time things happen

Asking
A che ora...?

Saying

A mezzogiorno	Alle due
A mezzanotte	Alle tre
All'una	...
	Alle otto
	...
	Alle undici

ⓓ Saying from what time to what something happens

Pranzo **da** mezzogiorno **all'**una
Pranzo **dall'**una **alle** due
Pranzo **dalle** due **alle** tre

	Ø	L'	LE
DA	da	dall'	dalle
A	a	all'	alle

ⓔ The present tense of reflexive verbs

Reflexive verbs are verbs whose action passes back to the person who carries it out. You recognize reflexive verbs in Italian because they end in -si. For example: **svegliarsi** (to wake up), **alzarsi** (to get up), **vedersi** (to see oneself), **lavarsi** (to wash oneself) **vestirsi** (to get dressed), **truccarsi** (to put on make-up).
To conjugate them, you drop the endings **-arsi**, **-ersi**, **-irsi** and add the endings for the different persons and put **mi**, **ti**, **si** in front.

LAVARSI	VEDERSI	VESTIRSI
(io) mi lavo	mi vedo	mi vesto
(tu) ti lavi	ti vedi	ti vesti
(Lei) si lava	si vede	si veste
(lui/lei) si lava	si vede	si veste

Parole importanti

Azioni quotidiane

addormentarsi	to fall asleep
alzarsi	to get up
andare a dormire	to go to sleep
andare a letto	to go to bed
cenare	to have dinner
fare il bagno	to swim, to bathe/ to have a bath
fare la doccia	to take a shower
fare colazione	to have breakfast
fare i compiti	to do homework
fare ricreazione	to have a break (in school)
fare sport	to play a sport
farsi la barba	to shave
lavarsi	to wash oneself
pranzare	to have lunch
svegliarsi	to wake up
tornare a casa	to return home
vestirsi	to get dressed

Altri verbi

allenarsi	to train
cominciare	to start, to begin
divertirsi	to enjoy oneself
dividere	to share
lasciare	to leave
perdersi	to get lost
prepararsi	to get ready
riciclare	to recycle
riposarsi	to rest
sdraiarsi	to lie down
vedersi	to see oneself

Parole ed espressioni varie

gli agrumi	citrus fruit (oranges, lemons, etc.)
la benzina	petrol
a partire da	starting from
dall'inizio	from the beginning
la collezione	collection
dopo	after
la grigliata	barbecue
la raccolta	collection
i rifiuti	rubbish, waste
la spiaggia	beach
sposato	married
subito	immediately
lo sconto	discount

Parole nuove nella sezione "Lo sapevi che...?"

chiudere	to close
generalmente	generally
la mattina	morning
il pomeriggio	afternoon
la mezza giornata	half day
l'orario continuato	non-stop hours
l'ufficio postale	post office

Ripasso 3

1 Descrivi queste persone

2 Un compito per l'insegnante!
Write a passage about a famous person, giving as much information as you can, except for the name. Your teacher will correct it, but he/she must guess who it is!

137

3 Cani e gatti

Are cats and dogs like us after all? Look at the following adjectives used to describe people's personality. Which ones would you apply to cats and dogs as well? Write the adjectives in the petals of the flowers and remember you don't have to fill all the petals! Then discuss your ideas with a partner saying, for example, "Secondo me il cane è simpatico"

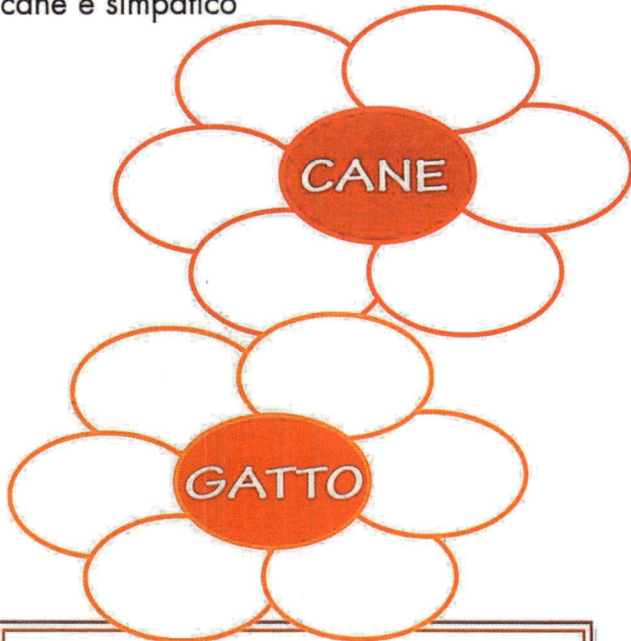

CANE

GATTO

simpatico	socievole
indipendente	egoista
individualista	paziente
noioso	testardo
pigro	allegro
aggressivo	buono
intelligente	antipatico
stupido	romantico

4 Ti piace? Ti piacciono?

The following things are typical of Italy, as you know at this stage. Say how much you like or dislike them.

il sole _____

il mare _____

la pizza _____

gli spaghetti _____

i motorini _____

il gelato _____

l'opera _____

il formaggio _____

le olive _____

la moda _____

il cappuccino _____

l'arte _____

il calcio _____

5 Trova gli sport!

Match the first part of the word with its second part.

palla   equit   cal   ginna   cicl   ve   nu   palla

azione   stica   la   volo   cio   ismo   canestro   oto

6 Anagrammi

Find the words.

COCHI   AZZORAG   ICHIOLCA

_____   _____   _____

FIRPOTANEO   LAPREAST   SACIPIN

_____   _____   _____

ASUCLO   TADOSECIC

_____   _____

7 Quali sport pratichi con queste cose?

Use the pictures to form sentences like: "Uso la racchetta per giocare a tennis". Remember you have to give an article to the words.

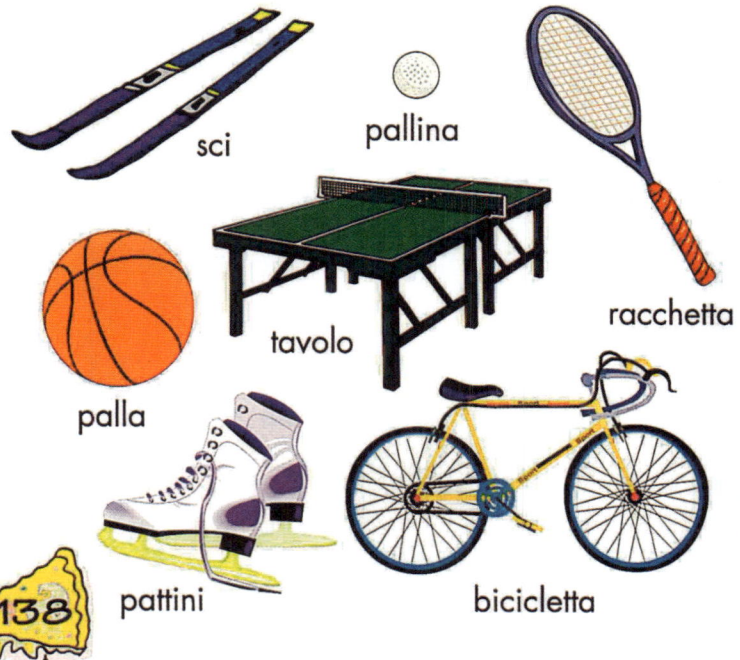

sci

pallina

racchetta

tavolo

palla

pattini

bicicletta

138

8 Entra nel

FERRARI MODENA CLUB

Ferrari

MODULO D'ISCRIZIONE

Nome e cognome: _____

Luogo di nascita: _____

Data di nascita: _____

Indirizzo: _____

_____

_____

Telefono: _____

Pilota preferito: _____

9 Leggi questo testo e rispondi alle domande.

FERRARI MODENA CLUB

Il Ferrari Modena Club nasce dieci anni fa. Il suo indirizzo è Via Misley 1/A, 41100 Modena.

Orari di apertura:

- Tutti i mercoledì non festivi dalle 20,30 alle 23,00 circa.

- Tutti i sabati non festivi dalle 15,30 alle 18,30.

- In occasione di tutti i gran premi seguendo date e orari indicati dal calendario F.I.A.

- In occasione delle iniziative del Ferrari Modena Club.

Oltre alla visione dei Gran Premi su TV 34", sono a disposizione, in consultazione: libri, riviste e documenti che riguardano la storia gloriosa della FERRARI.

a Name two occasions when the Club is open to the public.

(i) _____

_____

(ii) _____

_____

b You can watch the Grand Prix at the Club

True ☐   False ☐

c What reading materials are available at the Club?

_____

_____

_____

_____

10 You go to a sports complex in Italy and you see the following signs. What do they mean?

a È OBBLIGATORIO FARE LA DOCCIA PRIMA DI ENTRARE IN ACQUA

_____

b È OBBLIGATORIO METTERE LA CUFFIA

_____

c DOCCE

_____

d PALESTRA

_____

e VIETATO FUMARE

_____

11 Presenta una persona che conosci

Write a paragraph about a friend of yours, giving as much information as possible about him/her: name, age, nationality, hobbies and physical description.

_____

_____

_____

_____

_____

_____

_____

_____

_____

_____

_____

12 Che ore sono?

Listen and tick the correct box.

a
3,10 ☐
12,00 ☐
9,20 ☐

b
4,00 ☐
9,25 ☐
7,15 ☐

c
11,05 ☐
8,35 ☐
12,40 ☐

d
2,35 ☐
12,30 ☐
7,15 ☐

e
4,20 ☐
1,25 ☐
8,50 ☐

f
1,15 ☐
9,45 ☐
10,35 ☐

13 Ascolta e completa la tabella

Professione	insegnante
Si alza	
Comincia a lavorare	8,00
Pranza	
Prepara le lezioni	
Le piace il suo lavoro perché è	stimolante
Nel tempo libero	

14 La giornata di Abdul

What does Abdul do every day and at what time does he do it?

15 Leggi e rispondi alle domande

MUSEO DELL'AUTOMOBILE

- Via A. Barbieri 12
- San Martino in Rio (Reggio Emilia)
- Tel. 0522 636133
- Proprietà privata
- Ingresso gratuito • Aperto 21-24 venerdì, altri giorni a richiesta per gruppi

Fondato da Emilio Storchi nel 1965, il museo ricostruisce la storia dell'automobile e della motocicletta dal 1890 al 1970.
- Sito web: www.geocities.com/museoauto

(i) The museum is State-owned.

True ☐   False ☐

(ii) How can you visit it on a Wednesday?

_____

(iii) How much does it cost to get in?

_____

(iv) Who is Emilio Storchi?

_____

_____

16 Completa con il presente dei verbi tra parentesi

a Mio padre (chiamarsi) _____ Giulio.

b Io (alzarsi) _____ molto presto la mattina.

c Lorenzo ogni sera (lavarsi) _____ i denti.

d Laura e Chiara (prepararsi) _____ per andare in discoteca.

e Emilia a che ora (alzarsi) _____?

f Tu (annoiarsi) _____ a teatro?

g Tu (addormentarsi) _____ tardi la sera?

h Io (rilassarsi) _____ durante il fine settimana.

17 Cosa fa Chiara?

Si sveglia

_____

_____

_____

_____

_____

_____

_____

_____

_____

_____

_____

_____

_____

_____

IL GIOCO DELL'OCA

18	17	16	15	14
19	30	29	28	13
20		27	12	
21		26	11	
22	23	24	25	10
5	6	7	8	9

1, 2, 3, 4 (left column); PARTENZA

PARTENZA

1. I numeri da 1 a 10
2. 5 animali
3. Il presente del verbo "essere"
4. Il tuo numero di telefono
5. vai alla casella 10
6. A che ora pranzi?
7. Dov'è Dublino?
8. Torna alla casella 4
9. Il presente del verbo "avere"
10. Di dove sei?
11. Come stai?
12. Vai alla casella 16
13. I giorni della settimana
14. Cosa fa tuo padre?
15. Di che segno sei?

16. Il plurale di "ragazzo", "ragazza", "mano"
17. 5 sport
18. Torna alla casella 10
19. Il presente del verbo "stare"
20. Descrivi un amico/un'amica
21. I numeri da 10 a 20
22. Cosa fai nel tempo libero?
23. Come si dice "compiti" in inglese?
24. Torna alla casella 16
25. Che ore sono?
26. I membri della tua famiglia
27. Come si dice "Dublin" in italiano?
28. Che significa "orario continuato"?
29. Il presente del verbo "andare"
30. A che ora torni a casa oggi?

ARRIVO

142

Parole importanti

Parole varie

il calendario	calendar
il formaggio	cheese
il sole	sun
il mare	sea
la moda	fashion
l'oliva	olive

Oggetti per fare sport

la bicicletta	bicycle
la cuffia	swimming cap
la palla	ball
la pallina	ball (small)
i pattini	skates
la racchetta	raquet
gli sci	skis
il tavolo	table

Altre espressioni

a disposizione	available
gran premio	Grand Prix

Unità 12

Che giorno è oggi?

In this unit you will learn about…
The months of the year
The seasons
The parts of the day
Italian holidays and special days: Christmas, The Epiphany,
    Easter, Carnival, Valentine's day etc.
Some Italian masks: Arlecchino, Colombina e Pulcinella
The school calendar

You will also learn how to…
Ask and say someone's birthday
Say the date in Italian
Talk about traditions
Pronounce the letter "k"

144

a Ascolta il dialogo

Occhio alla lingua!

How to ask when someone's birthday is

Quando è il tuo compleanno?

The date in Italian

Il primo (di) gennaio
Il due (di) febbraio
il tre (di) marzo

Paolo	Quando è il tuo compleanno, Aisling?
Aisling	Il 30 marzo, e il tuo?
Paolo	Il 3 ottobre
Aisling	E il compleanno di Elena?
Paolo	Il suo compleanno è il primo maggio

Occhio alla parola!

Attenzione!

I mesi in italiano si scrivono con la lettera minuscola

b Ascolta e ripeti i mesi dell'anno

gennaio	febbraio	marzo	aprile	maggio	giugno
luglio	agosto	settembre	ottobre	novembre	dicembre

Pratica 1

a Intervista i compagni: "Quando è il tuo compleanno?"

Interview your classmates to find out when their birthdays are.

Nome	Compleanno

b Quando...

Answer the questions by writing the date in Italian.

Quando è Natale? _____

Quando è Capodanno? _____

Quando è San Patrizio? _____

Quando comincia la scuola? _____

Quando finisce la scuola? _____

Quando è San Valentino? _____

Quando è Halloween? _____

Incontro 2

a Leggi cosa dicono queste persone

La mia stagione preferita è l'autunno perché ha colori bellissimi. In autunno faccio la vendemmia.

La mia stagione preferita è l'inverno perché mi piace il freddo. D'inverno vado in montagna.

La mia stagione preferita è la primavera perché mi piacciono i fiori. In primavera ho le vacanze di Pasqua.

La mia stagione preferita è l'estate perché mi piace moltissimo il caldo. D'estate vado al mare.

Quali sono i nomi delle quattro stagioni? Sono maschili o femminili?

Occhio alla parola!

In autunno
In primavera
D'inverno
D'estate

Pasqua significa "Easter"
vendemmia significa "grape harvest"

b Le stagioni e i mesi

L'AUTUNNO
21 settembre – 20 dicembre

L'INVERNO
21 dicembre – 20 marzo

LA PRIMAVERA
21 marzo – 20 giugno

L'ESTATE
21 giugno – 20 settembre

Pratica 2

ⓐ (i) Qual è la tua stagione preferita? Perché?

_____

_____

(ii) Quando cominciano e quando finiscono le stagioni in Irlanda?

L'AUTUNNO	L'INVERNO	LA PRIMAVERA	L'ESTATE
_____	_____	_____	_____

🅑 In che mese siamo?

The following pictures represent things that happen during the year. Write the name of the month on the line provided.

dicembre

_____   _____   _____

_____   _____   _____   _____

Incontro 3

🅐 Le parole del Natale

Match the illustrations and the words.

Il Natale – 25 dicembre

l'albero • i regali • il presepe
la messa • il panettone
il pandoro • la Tombola • gli auguri
Babbo Natale • il torrone

b **Leggi questo testo e rispondi alle domande**

Gli italiani passano sempre il Natale in famiglia e si scambiano i regali. I bambini aspettano Babbo Natale. La notte del 24 dicembre (**la vigilia**) o la mattina del 25 molte persone vanno a messa. In tutte le case gli italiani fanno l'albero e molti fanno anche il presepe. È possibile vedere presepi bellissimi in quasi tutte le chiese.

Il pranzo di Natale è un momento molto importante e molto lungo e il menu cambia da regione a regione. I dolci tradizionali sono il panettone, mangiato da tutti gli italiani, e il torrone. Oggi è molto comune anche il pandoro. Il pomeriggio di Natale, alle 6 circa, in alcune parti d'Italia molte persone vanno al cinema.

Il 26 dicembre, Santo Stefano, generalmente gli italiani passano la giornata in famiglia o con gli amici e giocano a carte o a Tombola.

La sera del 31 dicembre, la notte di **Capodanno**, gli italiani vanno a una festa con amici, brindano all'anno nuovo e mangiano le lenticchie, che sono un simbolo di prosperità. Quando brindano, gli italiani dicono "cin cin" o "alla salute". **Buon Anno!**

Occhio alla parola!

le lenticchie significa "lentils"
brindare significa "to toast"

When do Italians go to mass?

_____

Italy has a traditional Christmas menu   True ☐   False ☐

What is "panettone"?

_____

What do Italians do on December 26th?

_____

Why do Italians eat lentils on New Year's Eve?

_____

Storia di una parola: "cin cin"
"Cin cin" è una forma italiana dell'inglese chin chin, che deriva dal cinese ch'ing ch'ing ("prego prego").

È una formula cinese di cortesia, introdotta in Europa dai marinai inglesi. In Italia si usa perché la parola ricorda il tintinnio dei bicchieri.

(adattato da Focus Extra n. 3/Italy)

Cosa fanno gli irlandesi

la sera del 24 dicembre _____

_____

la mattina del 25 dicembre _____

_____

il pomeriggio del 25 dicembre _____

_____

il 26 dicembre _____

_____

la notte di Capodanno _____

_____

Occhio alla parola!

The parts of the day

la mattina   il pomeriggio   la sera   la notte

Incontro 4

LA PASQUA - marzo/aprile   **Buona Pasqua!**

ⓐ **Guarda la vignetta**

Come stai?

Sono felice come una Pasqua!!

Leggi questo testo e osserva il disegno

La Pasqua non ha una data fissa, ma è sempre tra marzo e aprile.
Contrariamente al Natale, gli italiani non passano sempre la Pasqua in famiglia,
ma anche con gli amici. Le scuole sono chiuse per circa una settimana. Il giorno
di Pasqua gli italiani mangiano l'agnello. Un regalo tradizionale per i bambini (ma
non solo!) è l'uovo di Pasqua, con dentro una sorpresa. Il lunedì di Pasqua
(Pasquetta) gli italiani fanno una gita fuori città.

Scuola

chiusa
per una
settimana

IL CARNEVALE – febbraio/marzo

A CARNEVALE OGNI SCHERZO VALE!

Complete the following text with the missing words. You can find them in the box.

Il Carnevale è _____ festa molto antica. Va dal 6 gennaio all'inizio della quaresima, ma _____ giorni più importanti sono quelli tra il giovedì e il martedì prima dell'inizio della quaresima (giovedì grasso _____ martedì grasso). Molte persone, soprattutto _____ bambini, si mascherano, mangiano dolci speciali, come le frappe, fanno molti scherzi e lanciano coriandoli e stelle filanti. Tutti _____ italiani festeggiano il Carnevale, _____ il Carnevale di Venezia è il più famoso, _____ feste, spettacoli e fuochi d'artificio. È una festa spettacolare.
Altri Carnevali famosi sono quelli di Viareggio (in Toscana) e quello di Ivrea (in Piemonte).

gli
ma
i (2)
con
una
e

Occhio alla parola!

la quaresima significa "Lent"
martedì grasso significa "shrove Tuesday"
si mascherano significa "they dress up"
festeggiare significa "to celebrate"
scherzo significa "practical joke"
coriandoli significa "confetti"
stelle filanti significa "paper streamers"

Fonologia

Ascolta e ripeti *la lettera "k"*

karate	koala	kaki	Kenya	krapfen	kiwi

a Look at the rhyme Italian children learn to memorise how many days the months have:

*Trenta giorni ha novembre
con aprile, giugno e settembre,
di ventotto ce n'è uno,
tutti gli altri ne hanno trentuno*

b ALTRE FESTE ITALIANE

SAN VALENTINO

È il 14 febbraio in tutto il mondo. Gli innamorati si scambiano un biglietto e un regalo. Tradizionalmente i ragazzi regalano i Baci Perugina e fiori alle ragazze. E le ragazze ai ragazzi? Dipende!

LA FESTA DELLA MAMMA

È la seconda domenica di maggio.

FESTA DEL PAPÀ

È il 19 marzo, il giorno di San Giuseppe. I figli regalano i bignè di San Giuseppe al papà.

IL FERRAGOSTO

È la festa dell'Assunzione, ma anche la festa di mezza estate. Le città sono deserte e non lavora quasi nessuno.

LA FESTA DEL PATRONO

Il santo patrono d'Italia è San Francesco d'Assisi, ma gli italiani festeggiano il patrono locale, per esempio San Pietro e Paolo a Roma (29 giugno), Sant'Ambrogio a Milano (7 dicembre), San Gennaro a Napoli (19 settembre), Sant'Antonio a Padova (13 giugno).

IL 1° MAGGIO

È la festa dei lavoratori. Se il tempo è bello, gli italiani fanno una gita in campagna.

L'EPIFANIA - 6 gennaio

Conlcude le vacanze di Natale. I bambini aspettano la Befana, una vecchia che viaggia su una scopa e porta regali ai bambini, soprattutto dolci.

c Il calendario scolastico italiano

tutte le domeniche
1 novembre (festa di tutti i santi)
8 dicembre (Immacolata Concezione)
23 dicembre-6 gennaio (vacanze di Natale)
dal giovedì prima di Pasqua al martedì
 dopo Pasqua (vacanze di Pasqua)
25 aprile (anniversario della liberazione)
1 maggio (festa del Lavoro)
la festa del santo patrono (cambia da città a città)
dal 10 giugno a metà settembre (vacanze estive)

Scriviamo

Scrivi il calendario scolastico irlandese.

153

Occhio alla parola!

scopa significa "broom"

Leggi e riempi la griglia dove è appropriato

Arlecchino, Colombina e Pulcinella

Sono tre famose maschere italiane.

È una maschera del Nord Italia. Nato a San Giovanni Bianco, in provincia di Bergamo (Lombardia), è famoso per il suo costume multicolore e per la mascherina nera. È un servo, è sfortunato e non ha soldi. Non gli piace lavorare. Gli piace giocare, saltare e fare scherzi. E il suo nome? Forse deriva da "Allocchino", che significa sciocco.

È una maschera di Venezia. È magra e ha i capelli castani. Il suo costume è bianco e blu. È bella, allegra e vanitosa. È anche astuta, furba e pettegola. Le piace divertirsi. È cameriera. È la fidanzata di Arlecchino.

È una maschera del Sud, di Napoli. Porta un costume bianco, un cappello bianco a forma di cono e una mascherina nera. Per vivere, Pulcinella fa un po' di tutto e come tutti i napoletani ha molta fantasia. È pigro e ama il dolce far niente; pensa principalmente a mangiare, soprattutto i maccheroni, e a bere. Parla troppo. È famoso per due qualità: canta bene ed è ottimista.

Name	Origin	Job	Costume	Appearance	Personality
Arlecchino					
Colombina					
Pulcinella					

Now you can:

Ask when somebody's birthday is	Quando è il tuo compleanno?
	Quando è il compleanno di Elena?
Say the date in Italian	il primo maggio
	il due maggio
Say the months of the year	gennaio, febbraio...
Say the seasons	l'autunno, l'inverno, la primavera, l'estate
Say the parts of the day	la mattina, il pomeriggio, la sera, la notte

Grammatica

ⓐ Asking someone their birthday

Quando	è	il tuo	compleanno?

ⓑ Asking about someone else's birthday

Quando	è	il compleanno	di	Elena?

ⓒ Saying when someone's birthday is

Il mio Il suo	compleanno	è	......
Il compleanno	di Aisling	è	... ...

ⓓ The date in Italian

To say the date in Italian you follow this pattern:

il/l' + number + di (optional) + month

Remember that:
- Italians use the cardinal numbers (due, tre etc.), except for the first day of the month; in this case they say "primo" (first).
- Months should be written with a small letter.

ⓔ Buon/Buona

Buon
Compleanno Natale Anno

Buona
Pasqua

Parole importanti

Parole varie

l'agnello	lamb
Babbo Natale	Santa Claus
il caldo	heat
campagna	countryside
il compleanno	birthday
il freddo	cold
i fuochi d'artificio	fireworks
il presepe	crib
il regalo	present
il tempo	weather
l'uovo	egg

I mesi dell'anno

gennaio	January
febbraio	February
marzo	March
aprile	April
maggio	May
giugno	June
luglio	July
agosto	August
settembre	September
ottobre	October
novembre	November
dicembre	December

Le stagioni

l'autunno	autumn
l'inverno	winter
la primavera	spring
l'estate	summer

Espressioni di tempo

l'anno	year
il giorno	day
la mattina	morning
il mese	month
la notte	night
il pomeriggio	afternoon
la sera	evening
la settimana	week
la stagione	season

Le feste

il Capodanno	New Year
il Natale	Christmas
San Patrizio	Saint Patrick
San Valentino	Saint Valentine

Verbi

andare a messa	to go to mass
fare una gita	to go on a day trip
festeggiare	to celebrate
passare	to spend
portare	to bring
scambiarsi	to exchange

Parole nuove nella sezione "Lo sapevi che...?"

aspettare	to wait for
i dolci	sweet things
i lavoratori	workers
nessuno	nobody
regalare	to give (as a present)
viaggiare	to travel

Parole nuove nella sezione "Il personaggio"

Verbi

fare scherzi	to play practical jokes on others
pensare	to think
saltare	to jump

Aggettivi per descrivere la personalità

furbo	cunning, smart
pettegolo	gossipy
sciocco	silly
sfortunato	unlucky
vanitoso	vain

Altre parole

il cappello	hat
la fantasia	imagination
il fidanzato	boyfriend
la fidanzata	girlfriend
la maschera	mask
multicolore	multicoloured
il servo	servant
i soldi	money
troppo	too much
un po' di tutto	a bit of everything

Unità 13

Al bar

In this unit you will learn about…
Things you can order in a cafe
Italian cafes
Words that don't change in the plural
Italian ice-cream and ice-cream flavours

You will also learn how to…
Order something in a cafe
Use expressions with "avere" that would take
   "to be" in English
Use the present tense of the verbs "volere" and "bere"
Use prepositions with articles (2)
Pronounce the letter "x"

157

a Le parole del bar

un caffè

un cappuccino

un caffelatte

una spremuta
di arancia

una spremuta
di pompelmo

un succo
di frutta

un tè

un'aranciata
una coca cola

una cioccolata
calda con panna

un'acqua
minerale

un cornetto

una pasta

un toast

una pizzetta

un tramezzino

un panino
con prosciutto
e formaggio

ⓑ Ascolta il dialogo e completalo con le parole che senti 🎧

Due amici fanno colazione al bar.

Angelo	Cosa prendi? Oggi offro io.
Paola	Grazie! Allora, vorrei un _____ .
Angelo	Vuoi qualcosa da mangiare?
Paola	Mmm... sì, un _____ .
Angelo	Allora, un cappuccino, un caffè e due _____ . Quant'è?
Cassiera	Sono €2,84 in tutto.
Angelo	Ecco a Lei.
Cassiera	Ecco il _____ e lo scontrino.
Angelo	Un caffè, un cappuccino e due cornetti, per favore.
Barista	_____ volete i cornetti?
Angelo	Per me semplice.
Paola	Per me con la marmellata, e vorrei il cappuccino senza schiuma.
Barista	_____ .
Barista	Ecco a voi, signori.
Angelo e Paola	_____ mille.

Occhio alla parola!

vorrei significa "I would like"
quant'è? significa "How much is it?"
ecco a Lei significa "Here you are" (formal)
ecco a voi significa "Here you are" (plural)
senza schiuma significa "without froth"

Occhio alla lingua!

The present tense of the verb

VOLERE (want)
(io) voglio
(tu) vuoi
(Lei) vuole
(lui) vuole
(lei) vuole
(noi) vogliamo
(voi) volete
(loro) vogliono

⟨ Ascolta il dialogo e riempi la griglia

Due amici fanno uno spuntino in un bar

Stefano	Ho fame, mangiamo qualcosa?
Alberto	Sì. Io prendo un toast e anche una coca cola perché ho sete. Faccio io... tu cosa vuoi?
Stefano	Anch'io prendo un toast, con un bicchiere di acqua minerale.
Alberto	Vuoi un caffè?
Stefano	Sì, perché no, bevo sempre un caffè dopo pranzo.
Alberto	Allora, due toast, una coca cola, un bicchiere di acqua minerale e due caffè.
Cassiera	Benissimo signori. Sono €7,20.
Alberto	Come vuoi il toast?
Stefano	Con prosciutto e formaggio.
Alberto	Un toast con prosciutto e formaggio e uno con pomodoro e mozzarella, un bicchiere d'acqua minerale e una coca cola e per dopo due caffè.
Barista	L'acqua gasata o naturale?
Stefano	Gasata, per favore.
Barista	Benissimo signori, ecco a voi e buon appetito.

	Eats	Drinks
Alberto		
Stefano		

Occhio alla parola!

fare uno spuntino significa "to have a snack"
faccio io significa "I'll get it"
anch'io significa "me, too"
buon appetito significa "enjoy"
(you say it to someone who is about to eat)

Occhio alla lingua!

Words that don't change in the plural (1)

un caffè   due caffè
un toast   due toast

Occhio alla lingua!

ho fame significa "I'm hungry"
ho sete significa "I'm thirsty"

160

a Ordina queste cose

Order the things indicated by the illustrations.

 _____
_____
_____

 _____
_____
_____

 _____
_____
_____

 _____
_____
_____

b Guarda i disegni e le espressioni, poi completa le frasi

 ho fame

 ho sete

 ho sonno

 ho caldo

 ho freddo

 ho fretta

(i) Mamma mia, che tardi! Ho _____ , vado via.

(ii) Ho _____ . Beviamo qualcosa?

(iii) Ho _____ . Vorrei mangiare qualcosa.

(iv) È tardi. Vado a dormire perché ho _____ .

(v) Va bene se apro la finestra? Ho _____ .

(vi) Chiudi la finestra, per favore? Ho _____ .

Occhio alla lingua!

The present tense of the verb

BERE
(io) bevo
(tu) bevi
(Lei) beve
(lui) beve
(lei) beve
(noi) beviamo
(voi) bevete
(loro) bevono

161

Il diario di Aisling

Read the following page from Aisling's diary and complete it with the correct form of the verbs in brackets.

Ogni tanto la mattina prima di entrare a scuola (io/fare) _____ colazione al bar con i miei amici. (io/bere) _____ un cappuccino e (io/mangiare) _____ un cornetto.
Gli italiani (amare) _____ fare colazione al bar, in piedi. Il bar italiano (essere) _____ molto diverso dal bar irlandese.

In Irlanda il bar è un pub, qui in Italia è un posto per fare colazione e anche pranzare.
Gli italiani (andare) _____ molto spesso al bar durante il giorno, ma non (bere) _____ mai il cappuccino dopo cena.

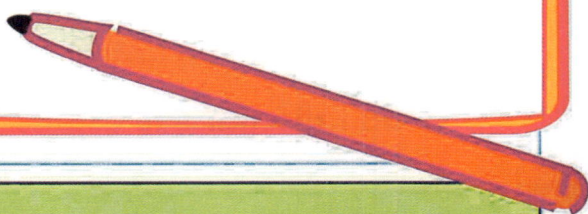

Ascoltiamo

Cosa prendono? Ascolta e riempi la griglia

	Eats	Drinks
Aisling		
Paolo		
Elena		
Matteo		

Incontro 2

Leggi il dialogo

Aisling	Vorrei un cappuccino.
Cameriere	Con o senza schiuma?
Aisling	Con schiuma.

Parla con un compagno. Formate dialoghi usando l'esempio di Incontro 1

pizza
con/senza pomodoro

gelato
con/senza panna

tè con/senza latte

acqua minerale
gasata/naturale

coca cola
con/senza ghiaccio

tè con/senza zucchero

Vocabolario

IN GELATERIA

 il cono

 la coppetta

I Gusti

cioccolato	stracciatella
fragola	zabaione
limone	melone
crema	mora
pistacchio	anguria
nocciola	mango
ananas	bacio

"Un cono al cioccolato, per favore"

"Una coppetta da 2 euro con fragola, cioccolato e panna"

"Un cono alla nocciola e allo zabaione"

"Una coppetta all'ananas"

Occhio alla lingua!

il cioccolato ⇨ un cono **al** cioccolato
lo zabaione ⇨ una coppetta **allo** zabaione
la nocciola ⇨ una coppetta **alla** nocciola
l'ananas ⇨ un cono **all'**ananas

Ascolta e scrivi quali gusti vogliono Aisling e i suoi amici

	Flavour/s
Paolo	
Elena	
Matteo	
Aisling	
Stefano	
Marta	

Leggiamo

ⓐ Guarda questa pubblicità

Secondo te cosa significa "Servizio a domicilio"?

free for children ☐   home delivery ☐   special offer ☐

GELATERIA QUADRANI
DI MARCO E STEFANO QUADRANI
SPECIALITÀ MIGNON
SERVIZIO A DONICILIO
VIA CECILIO STAZIO, 2 - TEL. 06 35420407

ⓑ Leggi questo testo e completalo

In the following passage the definite articles are missing. Complete it choosing between **il, lo, la, l', i, gli, le**.

Gli italiani e il bar

Generalmente _____ italiani non fanno colazione a casa, ma al bar, in piedi. Bevono un cappuccino e mangiano un cornetto. _____ italiani che lavorano fuori casa spesso fanno _____ pausa del pranzo al bar, con una pizzetta, un tramezzino o un panino, una bibita fresca, e un caffè espresso.
In provincia _____ italiani, specialmente _____ uomini, vanno al bar anche _____ sera per bere un bicchiere di vino, giocare a carte o a biliardo e chiacchierare con _____ amici. _____ sport è _____ argomento preferito.

Quando _____ tempo è bello in molti bar è possibile sedere all'aperto. Qui _____ italiani non prendono solo qualcosa da bere e da mangiare, ma leggono _____ giornale e prendono _____ sole. In molti bar è anche possibile fare _____ schedina o giocare al lotto, comprare cartoline e biglietti per _____ autobus. _____ bambini e _____ studenti vanno al bar anche per comprare qualcosa da mangiare a scuola, durante _____ ricreazione.

Occhio alla parola!

in piedi significa "standing"
argomento significa "topic"

164

Leggi e rispondi alle domande

QUATTRO BAR DI ROMA

Lo Zodiaco

Piazzale del Parco Mellini 90, Monte Mario.
Tel. 06 35496640.
È famoso per il panorama a 360 gradi sulla Città Eterna.
È nella zona di Monte Mario, cove sono anche
l'Osservatorio e il museo astronomico. Lo Zodiaco è la
classica meta per un caffè o un aperitivo in
una domenica di sole.

Sant'Eustachio

Piazza Sant'Eustachio 82.
Tel. 066861309. Chiuso lunedì. Molto vicino al
Senato, tra Piazza Navona e il Pantheon, il
Sant'Eustachio fa il migliore caffè di Roma: un
espresso buonissimo che è possibile trovare solo qui.

Ciampini

Piazza San Lorenzo in Lucina 29.
Tel. 066876606. Chiuso domenica. È il posto
ideale per uno spuntino veloce a base di
tramezzini o panini, di ottima qualità.
È frequentato, infatti, soprattutto per gli spuntini
di mezzogiorno. Buoni anche i
cornetti per la colezione.

Tazza d'oro

Via degli Orfani 84.
Tel. 066792768. Vicinissimo al Pantheon
È famoso per la
granita di caffè
can panna.
Qui è anche
possibile
comprare
diversi tipi di
caffè macinato.

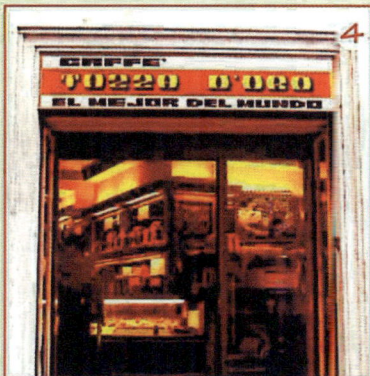

Which cafe

is closed on Mondays? ☐

serves very good croissants? ☐

is the most famous one for coffee? ☐

has a very good view of the city? ☐

is ideal for a lunch-time snack? ☐

sells freshly-ground coffee? ☐

Ora scrivi un breve brano: "Gli irlandesi e il bar"

Write in simple sentences what the Irish drink and eat and what other things they do in a cafe at the following times:

La mattina _____
_____
_____
_____

Il pomeriggio _____
_____
_____
_____

La sera _____
_____
_____
_____

Il week-end _____
_____
_____
_____

L'estate _____
_____
_____
_____

Fonologia

Ascolta e ripeti *la lettera "x"*

| taxi | mixer | xilofono | fax |

a Sei in un bar-gelateria in Italia e leggi questi cartelli. Secondo te cosa significano? What do the following signs mean?

(i)

Servizio al Tavolo

(i) _____

(ii)

Produzione propria

(ii) _____

(iii)

Gelato artigianale

(iii) _____

(iv)

Gelato con latte di soia

(iv) _____

(v) _____

(v)

Si prega di fare lo scontrino alla cassa

b **Qualcosa in più sul gelato**

1500 Invenzione del gelato come lo conosciamo oggi, quasi sicuramente da parte di italiani.

1500-1600 Diffusione del gelato in Europa, quasi sicuramente grazie a italiani.

1686 il siciliano Francesco Procopio de' Coltelli, un vero e proprio imprenditore moderno, apre a Parigi il Café de Procope, dove offre più di cento gusti! Da questo momento il gelato è assolutamente identificato con l'Italia, come la pasta e la pizza.

Nello stesso periodo l'emigrato italiano genovese Giovanni Bosio apre la prima gelateria a New York, mentre il veneziano Sartelli conquista Londra.

1904 nasce il cono durante la Fiera Mondiale di St Louis.

1998 Il gelato artigianale italiano entra nel Guinness dei Primati.

c **Lo scontrino**

In Italia il negoziante è obbligato a dare lo scontrino e il cliente è obbligato a chiederlo, altrimenti riceve una multa.

Now you can:

Order something in a cafe	Vorrei...
Ask how much it is in total	Quant'è?
Express some states	
(with the verb "avere")	Ho fame, sete...
Order an ice-cream	Un cono/una coppetta al cioccolato

Grammatica

a Ordering something to eat or drink

If, for example you want to order a coffee, you can say

Vorrei un caffè, per favore or simply **Un caffè, per favore**

b Ordering an ice-cream

(Vorrei) un cono/una coppetta...

To say what flavours you would like, you use the preposition "a" and combine it with the article of the flavour:

	IL	LA	LO	L'
A	**AL**	**ALLA**	**ALLO**	**ALL'**
	cioccolato	fragola	zabaione	ananas
	limone	crema		albicocca
	caffè	stracciatella	.....	
	pistacchio	nocciola		.....
	......	.....		

c Expressing states using "avere", where in English you would have "to be"

In Italian, you use the verb "avere" to express the following states:

HO	fame	**I'm hungry**
	sete	**I'm thirsty**
	caldo	**I'm hot**
	freddo	**I'm cold**
	sonno	**I'm sleepy**
	fretta	**I'm in a hurry**
	ragione	**I'm right**
	torto	**I'm wrong**
	paura	**I'm afraid**

168

The present tense of the verbs "volere" and "bere"

VOLERE (want)		BERE (to drink)
(io)	voglio	bevo
(tu)	vuoi	bevi
(Lei)	vuole	beve
(lui)	vuole	beve
(lei)	vuole	beve
(noi)	vogliamo	beviamo
(voi)	volete	bevete
(loro)	vogliono	bevono

Nouns that don't change in the plural (1)

Nouns ending with an accented vowel or with a consonant in the singular remain the same in the plural. For example:

Singular	Plural
città	città
caffè	caffè
tè	tè
sport	sport
bar	bar
film	film
autobus	autobus
poster	poster

Parole importanti

Bevande

l'acqua gasata	sparkling water
l'acqua minerale	mineral water
l'aperitivo	aperitif
l'aranciata	orange drink
il caffè	coffee
il caffelatte	latte
il cappuccino	cappuccino
la cioccolata calda	hot chocolate
la coca cola	coke
il latte	milk
la spremuta d'arancia	freshly-squeezed orange
la spremuta di pompelmo	freshly-squeezed grapefruit
il succo di frutta	fruit juice
il tè	tea
il vino	wine

Cose da mangiare

il cornetto	croissant
il formaggio	cheese
la marmellata	jam
il panino	panini
la panna	cream
la pasta	pastry
la pizzetta	small pizza
il pomodoro	tomato
il prosciutto	ham
il toast	toasted sandwich
il tramezzino	sandwich

I gusti di gelato

l'ananas	pineapple
l'anguria	water-melon
il cioccolato	chocolate
la crema	vanilla
la fragola	strawberry
il limone	lemon
il melone	melon
la mora	blackberry
la nocciola	hazelnut
il pistacchio	pistachio
la stracciatella	vanilla and chocolate chips
lo zabaione	zabaione cream (egg flavour)

Verbi

bere	to drink
comprare	to buy
giocare a biliardo	to play pool
offrire	to offer
prendere	to take, to have
trovare	to find
volere	want

Parole ed espressioni varie

il bicchiere	glass
il biglietto	ticket
la cartolina	postcard
diverso	different
dopo pranzo	after lunch
durante	during
il ghiaccio	ice
ottimo	excellent
in piedi	standing
il posto	place
lo scontrino	receipt

Parole nuove nella sezione "Lo sapevi che...?"

altrimenti	otherwise
chiedere	to ask
l'emigrato	emigrant
entrare	to enter
la gelateria	ice-cream parlour
grazie a	thanks to
il gusto	flavour
l'imprenditore	entrepreneur
mentre	while
la multa	fine
il negoziante	shop-keeper

Unità 14

Al ristorante

In this unit you will learn about…
More vocabulary on food
Some famous Italian dishes and recipes
Italian eating habits
Different kinds of restaurants
Some idiomatic expressions with food

You will also learn how to…
Use the present tense of verbs like "preferire"
Make the plural of "l'uovo" (egg)
Pronounce the letter "w"

171

a Guarda dove mangiano gli italiani. Che differenza c'è tra questi posti?

Ascolta il dialogo e completalo

Aisling va in pizzeria con gli amici

Cameriere	Buonasera, ragazzi.
Paolo	Avete un _____, per _____?
Cameriere	Sì, da questa parte. _____ il menù.
…	
Cameriere	Allora, ragazzi, cosa _____ ?
Elena	Io prendo una bruschetta e una margherita.
Paolo	Per me un supplì e un calzone con prosciutto e _____.
Aisling	Com'è la pizza marinara?
Cameriere	È una pizza molto classicc con _____, pomodoro, origano, aglio, _____ e basilico.
Aisling	Va bene, allora prendo una bruschetta al _____ e una pizza marinara.
Matteo	Io _____ un supplì e una pizza con prosciutto e funghi.
Cameriere	E da _____?
Aisling	_____ me una coca cola.
Elena	Anche per me.
Paolo	Io preferisco un'_____.
Matteo	Anch'io
Cameriere	Allora: due bruschette, due _____, un calzone, una margherita, una marinara e una prosciutto e funghi, due coca cole e due aranciate. È _____? _____ un dolce?
Paolo	No, per me basta così.
Aisling	Io vorrei un gelato _____ zabaione.
Elena	È una buona idea. Lo prendo anch'io.
Matteo	Per me niente. Basta così.
Cameriere	Ecco a _____, ragazzi, e buon appetito.

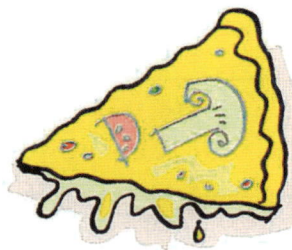

Occhio alla parola!

da questa parte significa "this way"
basta così significa "that's all", "that's enough"
niente significa "nothing"

Occhio alla lingua!

The present tense of the verb

PREFERIRE

(io) preferisco
(tu) preferisci
(Lei) preferisce
(lui) preferisce
(lei) preferisce
(noi) preferiamo
(voi) preferite
(loro) preferiscono

Other common verbs like this are **finire** (to finish), **capire** (to understand) and **pulire** (to clean)

Ascolta il dialogo e riempi la griglia

Due amici vanno al ristorante: cosa prendono?

	Starter	First course	Second course	Side dish	Dessert	Drink
Massimo						
Flavia						

Parla con un compagno. Uno è il/la cliente, l'altro il/la cameriere/a. Formate un dialogo

ALCUNE PAROLE ED ESPRESSIONI UTILI

Buongiorno	Vorrei...	Come contorno
Arrivederci	Per me...	Come dolce
Buon appetito	Io prendo...	Da bere
Grazie	Come primo...	Il conto, per favore
Prego	Come secondo...	Ecco

b Qual è il verbo giusto?

Complete the following sentences with one of the verbs in the box in each case.

(i) Pochi italiani fanno colazione a casa, generalmente _____ fare colazione al bar.

(ii) Marco non _____ il tedesco.

(iii) Tu _____ il tè o il caffè?

(iv) Noi non _____ mai la camera!!

(v) Voi quando _____ i compiti?

(vi) A Luisa non piace il vino: _____ la birra.

(vii) Ti telefoniamo quando _____ di lavorare.

| capisce | preferisci | finite | preferiscono | finiamo | puliamo | preferisce |

Ascoltiamo

a Ascolta i dialoghi e trova il dialogo in cui...

(i) Il cliente ordina una pizza ☐

(ii) Il cameriere indica il tavolo ☐

(iii) Il cliente chiede un tavolo ☐

(iv) I clienti commentano il menù ☐

(v) Il cliente chiede il conto ☐

(vi) Il cliente arriva al ristorante ☐

(vii) Il cliente lascia il ristorante ☐

(viii) Il cliente ordina ☐

b Segna le parole menzionate

pomodoro ☐

farina ☐

uovo ☐

salsicce ☐

patate ☐

formaggio ☐

bacon ☐

pane tostato ☐

Vocabolario

a Cosa serve?

Scrivi gli ingredienti che servono per fare queste cose, poi parla con i compagni e con l'insegnante.

Macedonia	Toast	Omelette
le mele	il pane	le uova

> **Occhio alla parola!**
>
> **macedonia** significa "fruit salad"

> **Occhio alla lingua!**
>
> **An irregular plural**
>
> | Singular | Plural |
> |---|---|
> | l'uovo | le uova |

b Guarda queste fotografie e rispondi alle domande

(i) Che cosa vedi?

Che cosa significano i due cartelli?

QUI TUTTI I PRODOTTI TIPICI DEL

GARGANO _____

_____

INGRESSO LIBERO

_____

Lista della Spesa

(ii) Questo ragazzo prepara una grigliata

Dov'è?
Cosa vedi nella foto?
Cosa serve per fare una grigliata con gli amici?

Prepara una lista della spesa!

☾ Il cibo nella lingua

Italians love eating so much that they have introduced a lot of idiomatic expressions with food into their language. Let's look at just a few of them. Can you match the beginning of the sentences on the left with with their endings on the right?

Questo libro è	una mozzarella
Cristina è bianca come	il prezzemolo
Quando vado al mare divento rosso come	una pizza
Marco è sempre dappertutto: è come	un peperone

177

a Quale ristorante?

Ristorante Cinese

"NAZIONALE"

民族酒家

• SERVIZIO ANCHE A PORTAR VIA •

**00139 ROMA
VIA DELLE VIGNE NUOVE, 40-40A**
☎ 06/ 8180331
(Piazza Monte Gennaro)

1

RICOMINCIODATRE

forno a legna ... e 14 tipi di supplì
IN UN AMBIENTE DA FILM
2 SALE - ARIA CONDIZIONATA
V. Amiterno 56/60 Tel. 7081150
ANG. VIA MAGNA GRECIA
RIPOSIAMO LA DOMENICA

2

Avviso agli intenditori di vini

Sono finalmente in enoteca

I VINI PALLAVICINI

*Provate il Casa Romana,
sarà un successo anche a casa vostra.*

• Per informazioni: tel. 9438816

3

«Dar Poeta»
PIZZERIA
FORNO A LEGNA

*Roma
Vicolo del Bologna, 45/46
(angolo Piazza della Scala)
Tel. 588.05.16
chiuso il lunedì*

5

*Aperto tutti i giorni
Aria Condizionata*

PIZZERIA
Pepe Verde

*" carne alla griglia - primi piatti
e tante insalate "*
V.le Gorizia, 38/44 Roma Tel. 85301181
PARCHEGGIO CLIENTI IN VIA AJACCIO, 23

4

D.D.
RISTORANTE EGIZIANO
di Diaa Ismail
a lume di candela
CUCINA EGIZIANA
e specialità VEGETARIANE
**PANE E DOLCI ARABI
ARTIGIANALI**
Nostra Specialità: COUS COUS
venerdì e sabato
DANZA DEL VENTRE
**APERTO TUTTE LE SERE
è GRADITA PRENOTAZIONE
ARIA CONDIZIONATA**
VIA A. VENTURI 14 (ZONA BOLOGNA)
TEL. **06.8611334**

6

Which restaurant/s

are specifically open every day? ☐ ☐

has lots of salads on the menu? ☐

are air-conditioned? ☐ ☐ ☐

specialises in wine? ☐

is closed on Mondays? ☐

does takeaway? ☐

b Due pub/ristoranti irlandesi a Roma. Leggi e rispondi alle domande

❶ Finnegan

Via Leonina 66/67
Tel. 06 4747026
apertura: 11 - 0,30,
venerdì e sabato fino all'1,00 d'estate;
inverno 17,00 - 0,30
60 posti più 30 esterni
carte di credito no
prenotazione non necessaria
parcheggio a pagamento fino alle
19,00, poi difficile.

È uno dei pub più frequentati dagli irlandesi di Roma. La cucina è aperta solo da maggio a ottobre. Servono piatti irlandesi e alcuni piatti italiani (paste e insalate) e birre irlandesi e tedesche, naturalmente alla spina.

Occhio alla parola!
birra alla spina
significa "draught beer"

❷ The Black Duke

Via della Maddalena 29
Tel. 06 88300381
apertura: 18,30 - 1,30
70 posti
tutte le carte di credito
prenotazione consigliata
parcheggio difficile.

Il cuoco prepara buonissimi piatti, tutti irlandesi. Se amate i formaggi, chiedete la lista di formaggi irlandesi, serviti con pere e crackers. Il lunedì, mercoledì e giovedì musica dal vivo.

Which Irish restaurant would someone go to if

they loved cheese? ☐

they didn't want to book a table? ☐

they wanted to meet Irish people? ☐

they wanted to listen to live music? ☐

they wanted to drink German beer? ☐

they wanted to eat al fresco? ☐

they wanted to pay by credit card? ☐

Scriviamo

Completa la ricetta

Prima della pizza, molti italiani mangiano la bruschetta.
Ti diamo la ricetta, ma è incompleta.
Completala con le parole nel riquadro!

Tagliate il _____ a fette e abbrustolitelo.
Strofinate le fette di pane con l' _____, poi condite
con _____, _____ e _____ d'oliva.
Alla fine, se volete, aggiungete pezzi di _____.

olio	pepe
pane	aglio
pomodoro	sale

179

Ascolta e ripeti *la lettera "w"*

| w<u>a</u>ter | wh<u>i</u>sky | w<u>a</u>lk-man | week-<u>e</u>nd | watt | w<u>e</u>stern | w<u>ü</u>rstel |

Come si pronuncia la lettera "w"?

Lo sapevi che...?

a Sei in un ristorante in Italia e leggi questi cartelli. Secondo te cosa significano?

(i) **Cucina**

(ii) Zona Fumatori

(iii) **DOMENICA CHIUSO**

(iv) *Chiuso per Rinnovo Locali*

(v) *RISERVATO*

(vi) **SI CONSIGLIA LA PRENOTAZIONE**

(vii) **PARCHEGGIO PER I CLIENTI**

b La ricevuta fiscale. Guarda questo documento

Questa è una "ricevuta fiscale", che il cliente riceve quando chiede il conto. In Italia è obbligatorio darla e chiederla, se non vuoi pagare una multa!

> **Occhio alla parola!**
> **multa** significa "fine"
> **conto** significa "bill"

c LA PASSIONE DEGLI ITALIANI? L'ACQUA

Gli italiani sono i più grandi consumatori mondiali di acqua minerale: 9 su 10 la comprano, e uno su due non usa mai quella del rubinetto, nemmeno per cucinare. Ogni anno, ogni italiano beve 150 litri di acqua in bottiglia (2/3 dei consumatori la preferiscono non gasata) [...]
(adattato da Bella! 25 aprile 2000)

> **Occhio alla parola!**
> **nemmeno** significa "not even"

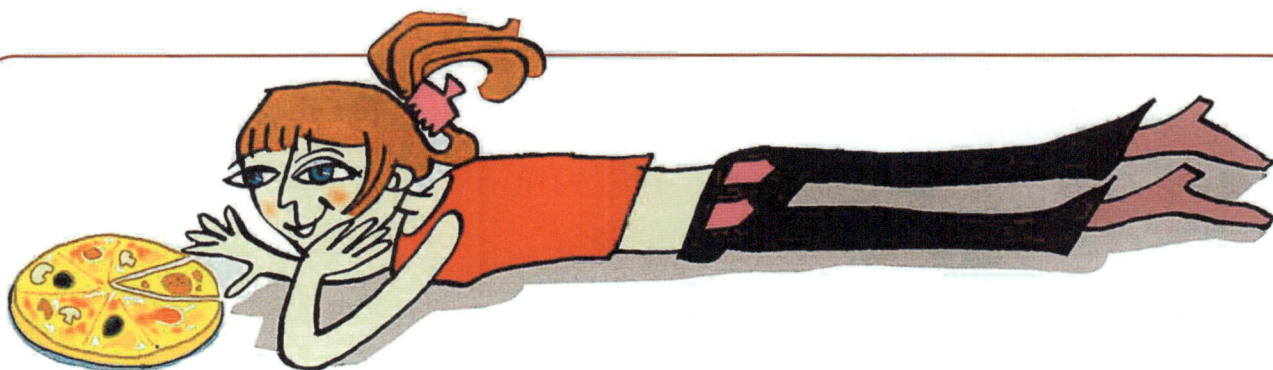

d Qualche curiosità sulla pizza

Ci sono due tipi di base per la pizza:
la versione "napoletana", alta e morbida,
e quella "romana", bassa e croccante.
Quale preferisci?

Con la pizza gli
italiani bevono la
birra, che in
Italia esiste in
tre misure: piccola, media e grande!
In Italia ci sono molte "pizzerie al taglio", dove compri un
pezzo (o tanti pezzi!) di pizza da mangiare camminando,
seduti in un parco, o a casa con gli amici. Le pizzerie al
taglio offrono una grande varietà di pizze.

e Gli orari dei pasti in Italia

La colazione La mattina, prima di uscire di casa, di solito gli italiani prendono solo
un rapido caffè, in piedi, e poi fanno la vera colazione al bar con cappuccino e
cornetto, che al nord si chiama brioche. Alcuni italiani fanno colazione a casa con
biscotti o pane, burro e marmellata.

Il pranzo Gli italiani del nord pranzano alle 12,30-1,00. Nel centro e nel sud
all'1-2,00. Nelle grandi città le persone che lavorano non tornano a casa per pranzo,
ma fanno uno spuntino al bar o in trattoria. La domenica e i giorni di
festa pranzano in famiglia o con amici e passano molto tempo a tavola.

La merenda La merenda è lo
"snack del pomeriggio" dei bambini.
Mangiano una merendina o pane,
burro e marmellata.

> **Occhio alla parola!**
>
> **merendina** significa "sweet snack"

La cena Gli italiani del nord cenano presto, alle 7,30-8,00. Nel centro e nel sud
cenano tra le 8,00 e le 10,00, dipende dalla famiglia e dalla stagione. Di solito gli
italiani cenano con la famiglia, tranne quando escono con gli amici!

Now you can: Understand a menu
Order a meal
Express your preferences

Grammatica

a The present tense of some -ire verbs like "preferire"

To form the present tense of these verbs, you
a) take away the -ire ending as usual
b) insert -isc for the 1st, 2nd and 3rd person
   singular and for the 3rd person plural
c) add the appropriate ending for each person.

PREFERIRE (to prefer)

(io)	preferisco
(tu)	preferisci
(Lei)	preferisce
(lui)	preferisce
(lei)	preferisce
(noi)	preferiamo
(voi)	preferite
(loro)	preferiscono

Other common verbs like preferire are **capire**
(to understand), **finire** (to finish) and **pulire** (to clean).

b An irregular plural

The Italian word for "egg" has an irregular plural. Just learn it as it is!

l'uovo   **le uova**

Parole importanti

Cose da mangiare

l'aglio	garlic
il basilico	basil
i funghi	mushrooms
l'insalata	salad
la mela	apple
il pane	bread
il pepe	pepper
il peperone	pepper (vegetable)
la pera	pear
la pizza	pizza
il prezzemolo	parsley
il sale	salt

Verbi

portare via	to take away
preferire	to prefer
servire	to serve

Parole nuove nella sezione "Lo sapevi che...?"

a

il rinnovo	refurbishment
si consiglia	advisable

b

pagare	to pay

c

la bottiglia	bottle
il rubinetto	tap
usare	to use

d

camminare	to walk
morbido	soft
croccante	crunchy

e

il biscotto	biscuit
il burro	butter
di solito	usually
tranne	except

Unità 15

Andiamo al cinema?

In this unit you will learn about…
Vocabulary related to cinema
Italian cinema and cinemas (opening hours, prices, breaks etc.)
Two Italian directors: Roberto Benigni and Francesca Archibugi
Higher numbers
Nouns ending in –tore
   and their feminine equivalent

You will also learn how to…
Invite, accept and refuse an invitation
Make an appointment
Say the present tense of the verbs "potere",
   "dovere" and "sapere"
Say the year in Italian
Make exclamations
Pronounce the letter "y"

Ascolta e completa i dialoghi

(i)   Elena, vuoi venire _____ McDonald's con me?
         Mi _____, devo andare dal dentista
         Non importa, facciamo un'altra volta

(ii)   Matteo, vieni a studiare a casa mia _____ pomeriggio?
         Mh… non so se posso, te lo faccio sapere
         D'accordo

(iii)   Abdul, andiamo allo stadio domenica?
         Che bella idea! A che _____ ci vediamo?
         Va bene _____ due e mezzo, davanti allo stadio?
         Perfetto. A domenica!

(iv)   Cosa facciamo oggi? Andiamo _____ cinema?
         Perché no! Cosa andiamo a vedere?
         Io vorrei _____ "Harry Potter". Va bene?
         D'accordo!

Occhio alla lingua!

The present tense of the verbs

DOVERE	POTERE	SAPERE
(io) devo	posso	so
(tu) devi	puoi	sai
(Lei) deve	può	sa
(lui) deve	può	sa
(lei) deve	può	sa
(noi) dobbiamo	possiamo	sappiamo
(voi) dovete	potete	sapete
(loro) devono	possono	sanno

Occhio alla parola!

facciamo un'altra volta significa "another time"
te lo faccio sapere significa "I'll let you know"
d'accordo significa "OK"
a domenica significa "see you on Sunday"

Occhio alla lingua!

**How to suggest doing something, accept and refuse,
make arrangements**

Suggesting

Vieni allo stadio?
Vuoi andare/venire allo stadio?
Andiamo allo stadio?
Cosa facciamo?

Refusing

Mi dispiace, devo studiare
Veramente non posso, devo andare dal dentista

Maybe...

Non sono sicuro/a
Forse
Vediamo...

Accepting

Ok
Va bene
Perché no
Che bella idea!

Making arrangements

A che ora ci vediamo?
Dove ci vediamo?
Quando ci vediamo?
Ci vediamo domenica alle due e mezzo davanti allo stadio
A domenica!

Pratica 1

Ascolta i dialoghi e riempi la griglia

What	When	Accepts	Refuses	Why

Scrivi i tuoi impegni della settimana sulla pagina dell'agenda, poi vai in giro per la classe e proponi ad alcuni compagni di fare qualcosa insieme. Loro controllano l'agenda e dicono se possono o no. Tu fai la stessa cosa!

LUNEDÌ 1

8...............................
9...............................
10.............................
11.............................
12.............................
13.............................
14.............................
15.............................
16.............................
17.............................
18.............................
19.............................
20.............................

MARTEDÌ 2

8...............................
9...............................
10.............................
11.............................
12.............................
13.............................
14.............................
15.............................
16.............................
17.............................
18.............................
19.............................
20.............................

MERCOLEDÌ 3

8...............................
9...............................
10.............................
11.............................
12.............................
13.............................
14.............................
15.............................
16.............................
17.............................
18.............................
19.............................
20.............................

GIOVEDÌ 4

8...............................
9...............................
10.............................
11.............................
12.............................
13.............................
14.............................
15.............................
16.............................
17.............................
18.............................
19.............................
20.............................

VENERDÌ 5

8...............................
9...............................
10.............................
11.............................
12.............................
13.............................
14.............................
15.............................
16.............................
17.............................
18.............................
19.............................
20.............................

SABATO 6

....
....
....
....

DOMENICA 7

....
....
....

Leggi l'articolo e rispondi alle domande

Il primo film con tutti attori virtuali

Lavorano anche 12 ore al giorno, vanno d'accordo con tutti e non hanno esigenze particolari: sono le nuove stelle del cinema, attori virtuali creati al computer che debuttano in un film giapponese. **Final Fantasy** – questo è il titolo - è stato preparato dalla Sony: i suoi protagonisti, il Capitano Grey e la bella Aki, sembrano persone in carne ed ossa, i loro occhi si animano quando parlano e i loro capelli svolazzano, ma i due eroi sono solo creature del computer.

(Erasmo, 19 aprile 2001)

Name **two** characteristics of the virtual actors employed in the film.

(i) _____

(ii) _____

Occhio alla parola!

andare d'accordo significa "to get on well"
in carne ed ossa significa "real, in person"
svolazzare significa "to fly about"

What country is the film from? _____

Which parts of the body are mentioned in the text? Draw them!

b **Leggi le biografie di Stefano Accorsi e Sabrina Ferilli e completa la loro carta d'identità**

STEFANO ACCORSI

Nasce a Bologna il 2 marzo 1971. Quando finisce la scuola, risponde a un annuncio e ottiene una parte nel film **Fratelli e sorelle** del regista Pupi Avati. Con questo film vince l'Oscar dei giovani come migliore attore esordiente. Da questo momento la sua carriera continua con grande successo e recita in film come **Jack Frusciante è uscito dal gruppo, La mia generazione, I piccoli maestri, L'ultimo bacio, Radiofreccia, Un uomo perbene, Le fate ignoranti ecc.** Vince molti premi. È anche attore di teatro e abita a Roma con l'attrice Giovanna Mezzogiorno, ma va spesso a Bologna per rivedere i suoi genitori e i suoi amici. Gli piace molto leggere. Ha i capelli corti e castani e gli occhi castani.

Nome	Stefano Accorsi
Nazionalità	....
Età	....
Professione	....
Descrizione fisica	....
	....

SABRINA FERILLI

Sabrina nasce a Fiano Romano, in provincia di Roma, il 28 giugno 1964. Abita a Roma ed è sposata. È attrice. È molto bella, ha gli occhi castani e i capelli lunghi e castani ed è alta e snella.
Ama gli animali e ha un cane e un gatto. Le piace leggere e adora la pasta all'amatriciana.
Dopo piccole parti, la sua carriera cinematografica comincia nel 1990 con il film **Americano Rosso**. Nel 1994, con il film **La bella vita**, diventa una delle star del cinema Anni Novanta.

Nome	Sabrina Ferilli
Nazionalità	....
Età	....
Professione	....
Descrizione fisica	....
	....

Cerca tre cose che Stefano e Sabrina hanno in comune!

(i) _____

_____

(ii) _____

_____

(iii) _____

_____

Occhio alla parola!

Stefano Accorsi è **attore**
Sabrina Ferilli è **attrice**

I nomi che finiscono in **-tore** sono maschili;
l'equivalente femminile finisce in **-trice**

Altri esempi:

pittore   pittrice
scrittore   scrittrice
giocatore   giocatrice

Incontro 2

ⓐ Aisling telefona a un'amica per invitarla alla sua festa di compleanno. Ascolta e rispondi alle domande

	True	False
The friend accepts the invitation	☐	☐
The party starts at 6 o'clock	☐	☐
Twenty people have been invited	☐	☐
They'll have to try and speak English	☐	☐
The friend should bring some music	☐	☐
There will be games as well	☐	☐

GLI AUGURI TE LI HO FATTI

TIREGALO TANTI AUGURI

BUON COMPLEANNO

ATTENZIONE
COMPLEANNO IN ARRIVO...
CI SARÀ UNA FESTA!

il giorno

alle ore

luogo

FIRMA

TI ASPETTO!

Pratica 2

Scrivi un invito alla tua festa di compleanno
a tre compagni, che ti risponderanno.

Ascolta e ripeti *la lettera "y"*

In italiano ci sono pochissime parole comuni che cominciano con la "y".

| y̱ogurt | yacht | y̱oga | yo-y̱o |

Lo sapevi che...?

a Sei in un cinema in Italia e leggi questi cartelli. Secondo te cosa significano?
Scrivi il significato nei riquadri vuoti.

(i) **È VIETATO L'INGRESSO A SPETTACOLO INIZIATO**

(ii) **VIETATO FUMARE**

(iii) **SI PREGA DI SPEGNERE IL TELEFONO CELLULARE**

(iv) **POSTI IN PIEDI**

(v) **POSTI ESAURITI**

(vi) **ULTIMO SPETTACOLO**

(vii) **SALA 6**

(viii) **CHIUSURA ESTIVA**

(ix) **FINE PRIMO TEMPO**

Quali cartelli non troviamo in Irlanda?

ⓑ Andare al cinema in Italia

LA LINGUA DEI FILM

In generale tutti i film in Italia sono in italiano, quindi i film stranieri sono doppiati.
In alcuni cinema i film sono in lingua originale con i sottotitoli.

GLI ORARI DEGLI SPETTACOLI

Ci sono tre o quattro spettacoli al giorno, dipende dalla lunghezza del film. L'ultimo spettacolo comincia intorno alle 22,30. I cinema sono aperti anche il giorno di Natale. Molti cinema chiudono per un periodo durante l'estate.

PREZZI

Il costo del biglietto va da circa €4,00 a €7,50.
Varia in base al giorno della settimana, all'orario dello spettacolo e all'età dello spettatore.

INTERVALLO

In quasi tutti i cinema italiani i film sono interrotti da un intervallo, che divide il film in due parti: primo tempo e secondo tempo.

E in Irlanda?

Scrivi un'e-mail a una rivista italiana per la rubrica Al cinema in Europa.

"AL CINEMA IN IRLANDA"

>
>
>
>
>
>
>
>
>
>
>
>
>
>
>
>
>
>

⟪ Curiosità: gli Oscar italiani

Gli Oscar italiani nella sezione miglior film straniero sono 12 (fino ad oggi!)

Titolo	Regista	Anno
Sciuscià	Vittorio De Sica	1947
Ladri di biciclette	Vittorio De Sica	1949
La strada	Federico Fellini	1956
Le notti di Cabiria	Federico Fellini	1957
Otto e mezzo	Federico Fellini	1963
Ieri, oggi e domani	Vittorio De Sica	1964
Indagine su un cittadino al di sopra di ogni sospetto	Elio Petri	1970
Il giardino dei Finzi Contini	Vittorio De Sica	1971
Amarcord	Federico Fellini	1974
Nuovo Cinema Paradiso	Giuseppe Tornatore	1989
Mediterraneo	Gabriele Salvatores	1991
La vita è bella	Roberto Benigni	1998

Il personaggio

Leggi la biografia di due registi italiani e riempi la griglia

Roberto Benigni

Nasce a Manciano Misericordia, vicino ad Arezzo, nel 1952. È famoso soprattutto come attore comico. Il suo primo film è **Tu mi turbi** (1983). **Il piccolo diavolo** (1988), in cui recita con Walter Matthau, è un film molto comico. Il grande successo arriva con **Johnny Stecchino** (1991). Il film successivo **Il mostro** (1994) conferma questo successo, di critica e di pubblico. Con **La vita è bella** (1997) vince l'Oscar nella sezione miglior film straniero. In molti suoi film recita anche sua moglie. **Pinocchio** (2002) è un film per bambini, giovani e adulti.

Francesca Archibugi

Nasce a Roma nel 1960. Prende il diploma al Centro Sperimentale di Cinematografia e comincia a lavorare come attrice di cinema e di teatro. Nel 1988 esordisce come regista con **Mignon è partita**: i sentimenti di un gruppo di adolescenti in un palazzo di Roma. Con **Verso sera**, del 1990, vediamo il rapporto tra un nonno e la nipotina; Nel film **Il grande cocomero**, del 1993, uno psichiatra salva una bambina in difficoltà. Anche **L'albero delle pere**, del 1998, è legato ai temi dell'infanzia e della crisi della famiglia.

REGISTA

Decide who the follwing statements apply to by ticking the appropriate box.

	Francesca Archibugi	Roberto Benigni
Was born in Tuscany		
Is very interested in young people and their world		
Has a spouse who often acts in his/her films		
Has fruit in two film titles!		
Deals a lot with family problems		
Is also a comic actor		

Vocabolario

a Ancora numeri

200	300	1000	2000	3000
duecento	trecento	mille	duemila	tremila

1990	2002
millenovecentonovanta	duemiladue

b In che anno?

Collega l'evento nella colonna di sinistra con il suo anno nella colonna di destra.
Forse devi fare una piccola ricerca!

Cristoforo Colombo scopre l'America	1978
La nazionale irlandese partecipa ai Mondiali di calcio per la prima volta	1492
La rivolta di Pasqua in Irlanda	1969
Giovanni Paolo II diventa Papa	1861
L'Italia diventa un Paese unito	1990
L'uomo va sulla luna per la prima volta	1916

Occhio alla parola!

scoprire significa "to discover"
mondiali di calcio significa "World Cup"
luna significa "moon"

c Ora scrivi delle frasi   Es.: Nel 1978 Giovanni Paolo II diventa Papa

Now you can:

Suggest doing something	Vuoi venire/andare al cinema?
	Andiamo al cinema?
	Vieni al cinema?
	Cosa facciamo?
Refuse an invitation	Mi dispiace, non posso/devo....
	Veramente non posso/devo....
Express doubt about an invitation	Non so se posso
	Non sono sicuro/a
	Vediamo...
Accept an invitation	Sì
	Ok
	Va bene
	Perché no
	Che bella idea!
Make arrangements	Dove/quando/a che ora ci vediamo?
	Ci vediamo sabato alle due al cinema
	(day) (time) (place)
Make exclamations	Che bella idea!
	Che bella giornata!
	Che buona pizza!
Talk about a film	Mi piacciono i gialli, le commedie...
Say the year in Italian	Nel 1960

Grammatica

a **The present tense of the verbs "potere"** (can), **"dovere"** (must) **and "sapere"** (to know)

	POTERE	DOVERE	SAPERE
(io)	posso	devo	so
(tu)	puoi	devi	sai
(Lei)	può	deve	sa
(lui)	può	deve	sa
(lei)	può	deve	sa
(noi)	possiamo	dobbiamo	sappiamo
(voi)	potete	dovete	sapete
(loro)	possono	devono	sanno

b **Say the year in Italian**

In Italian, the year is read as if it were a number:

1960 millenovecentosessanta
1998 millenovecentonovantotto
2000 duemila

To say, for example, "in 1998", you say **nel 1998**

ⓒ Make exclamations

To make an exclamation in Italian, you follow this pattern:

CHE (+ ADJECTIVE) + NAME + !

Che   bella   idea!
Che   bella   giornata!
Che   buona pizza!
Che   film!
Che   moto!

ⓓ Nouns ending in –tore

Nouns ending in –tore are masculine; a lot of them indicate a profession or an office; their feminine equivalent generally ends in –trice:

at**tore**   at**trice**
pit**tore**   pit**trice**

Parole importanti

Verbi

dovere	must, to have to
finire	to finish
potere	can, to be able to
rispondere	to answer
sapere	to know
sembrare	to look like, to seem
venire	to come

Il cinema

doppiato	dubbed
la parte	part, role
il premio	prize
il/la protagonista	protagonist
recitare	to act
il/la regista	director
il successo	success

Parole varie

l'annuncio	advertisement
snello	slender
il titolo	title
solo	only

Parole nuove nella sezione "Lo sapevi che...?"

a

esaurito	sold out
la fine	end
lo spettacolo	show
ultimo	last

b

interrotto	interrupted
l'intervallo	interval
intorno	around
meno	less
i sottotitoli	subtitles

Parole nuove nella sezione "Il personaggio"

l'infanzia	childhood
miglior film straniero	best foreign film
primo	first
il sentimento	feeling

Ripasso 4

1 Cruciverba dei mesi

Orizzontali

5. il 17 è San Patrizio
6. il mese di Halloween
7. il quarto mese dell'anno

Verticali

1. arriva Babbo Natale
2. il primo giorno di questo mese è la festa del lavoro
3. il mese dei morti
4. il 15 di questo mese è Ferragosto (in Italia)

2 a Guarda i disegni: che momento della giornata è?

(i)

(ii)

(iii)

(iv)

b Guarda i disegni: in che stagione siamo?

(i)

(ii)

(iii)

(iv)

198

3 Cosa ti suggeriscono le parole "giorno" e "notte"? Scrivile, poi confronta le tue parole con quelle di un compagno

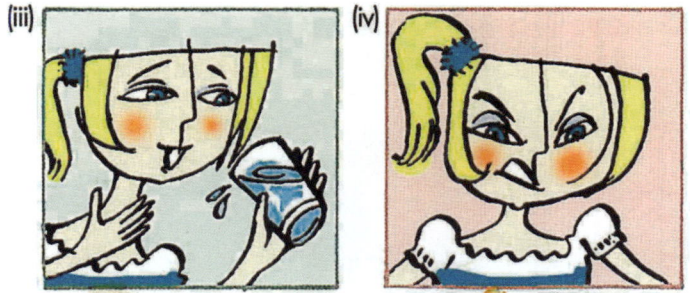

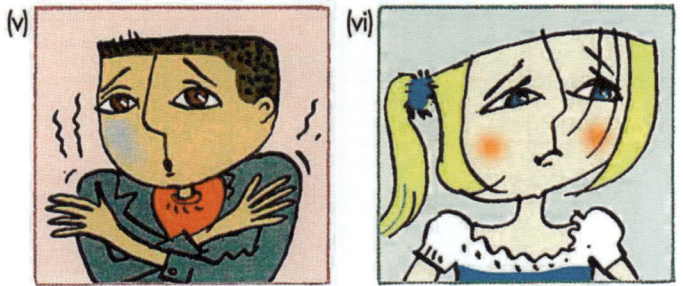

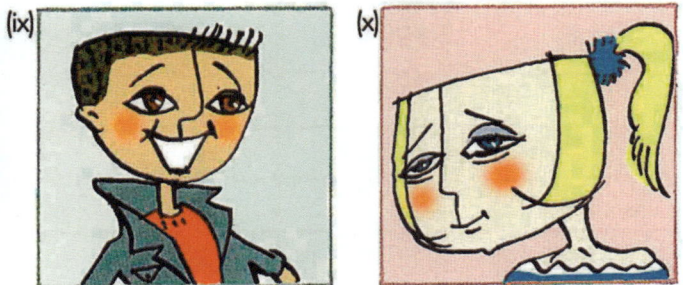

4 È o ha? Scrivi una descrizione del disegno come nell'esempio

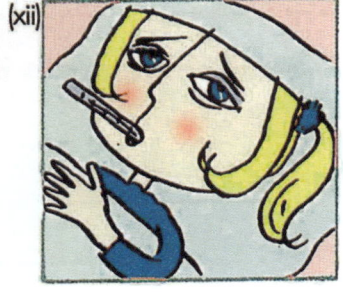

è stanco

5 Cruciverba natalizio

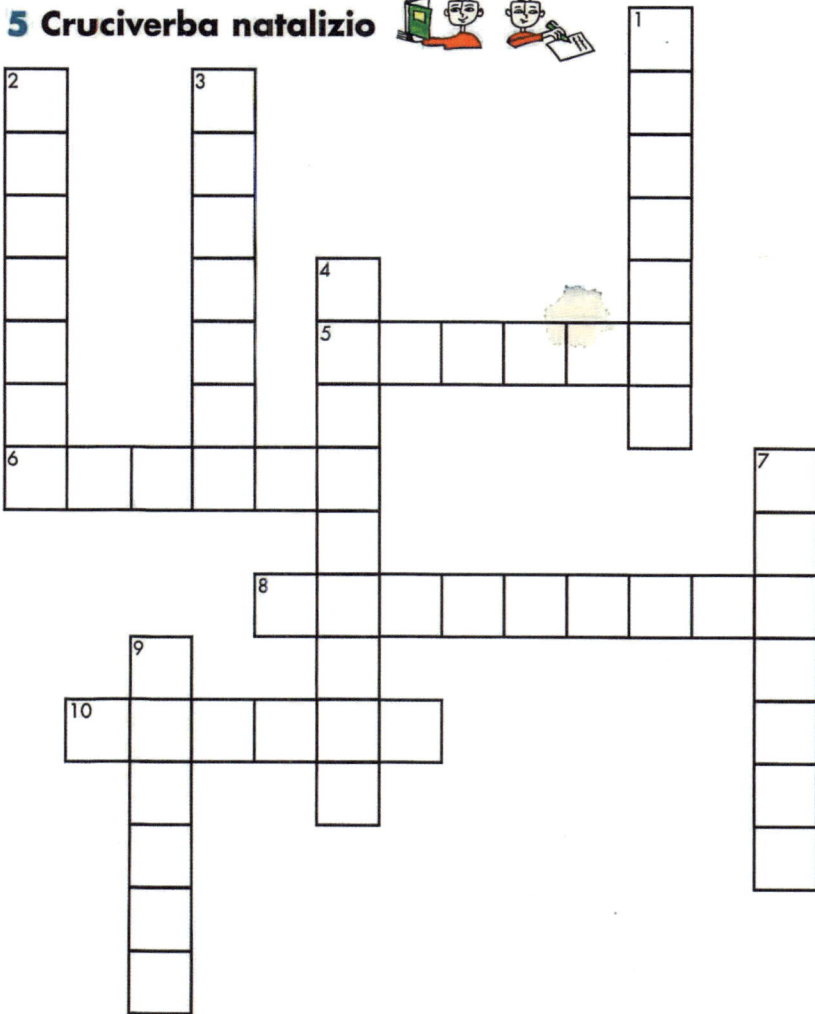

Orizzontali

5. si scambiano tra amici e parenti, anche al telefono
6. è verde e si può decorare
8. dolce tipico, con uvetta e canditi
10. vecchietta che porta dolci ai bambini

Verticali

1. la sera del 24 dicembre
2. gioco tipico delle vacanze di Natale
3. dolce tipico, con mandorle o nocciole
4. si festeggia la notte del 31 dicembre
7. rappresenta la nascita di Gesù e può essere molto artistico
9. Babbo Natale porta i ...

6 Completa la tabella dei verbi

	BERE	VOLERE	POTERE	DOVERE	SAPERE
io	bevo				so
tu		vuoi			
Lei/lui/lei			può		
noi		vogliamo		dobbiamo	
voi	bevete		potete		sapete
loro				devono	

7 Scrivi il singolare o il plurale delle seguenti parole

il panino _____

il caffè _____

lo sport _____

il tè _____

il cappuccino _____

le spremute _____

i toast _____

le aranciate _____

le birre _____

i tramezzini _____

200

8 Dividi le seguenti parole in categorie, poi spiega la tua scelta

caffè	cioccolata	panino
tramezzino	vino	caffelatte
birra	pasta	cornetto
aranciata	toast	gelato
aperitivo	coca cola	patatine
limonata	latte macchiato	tè
cappuccino	spremuta	spumante
pizza	acqua minerale	

9 Scrivi l'equivalente maschile o femminile delle seguenti parole

Maschile

imperatore _____

calciatore _____

autore _____

lavoratore _____

Femminile

ispettrice _____

direttrice _____

guidatrice _____

allenatrice _____

10 Trasforma questo testo in 3a persona

La mattina mi alzo alle 7,30, mi lavo, mi vesto e faccio colazione: bevo un tè e mangio due fette di toast con burro e marmellata. Poi esco per andare a scuola, dove passo tutta la giornata. Torno a casa alle 4,00 del pomeriggio, studio per un po', poi ceno e guardo la televisione. Qualche volta gioco con il computer o sto al telefono con un amico. Il sabato pomeriggio vado al cinema. La domenica dormo fino a tardi perché non vado a scuola.

Antonella si alza alle 7,30 _____

_____

_____

_____

11 Un museo per il cinema

Leggi e rispondi alle domande.

MUSEO NAZIONALE DEL CINEMA
Via Montebello, 20
Torino
Tel. 011 8125658

Proprietà pubblica
Aperto 10-20 da martedì a domenica, 10-23 sabato, chiuso lunedì
Ingresso gratuito fino a 10 anni.

Il museo si sviluppa su una superficie di 3200 metri quadrati e comprende cinque livelli: l'archeologia del cinema, la macchina del cinema, la collezione dei manifesti, le video-installazioni e la grande Aula del Tempio. Le collezioni del museo, di livello internazionale, comprendono stampe antiche, dipinti, una cineteca con 7.000 titoli di film, 9.000 oggetti d'arte, apparecchi per la visione e la ripresa, 130.000 documenti fotografici e 200.000 manifesti.

a When is the museum closed?

_____

_____

b Who is entitled to free admission?

_____

c The museum is only known in Italy.

True ☐   False ☐

d Name three things you can find in the museum's collection

(i) _____

(ii) _____

(iii) _____

	True	False
The person who invented the espresso coffee machine was from Naples	☐	☐
The word "espresso" indicates the speed at which it is prepared	☐	☐
Cappuccino takes its colour from caffelatte	☐	☐
Italians drink cappuccino at any time of the day	☐	☐

12 Il caffè

Leggi e rispondi alle domande.

Il famosissimo caffè espresso nasce nel 1902 quando il milanese G. Bessera inventa una macchina che permette di preparare il caffè in pochi secondi, grazie al vapore sotto pressione. La parola "espresso" indica proprio la velocità della preparazione. È così che questo tipo di caffè entra nella vita degli italiani e diventa un simbolo dell'Italia stessa.

Il cappuccino in pratica è un espresso con schiuma di latte. Attenzione: gli italiani bevono il cappuccino solo la mattina!

La macchina usata per fare il caffè in casa è la moka: l'acqua sale per la pressione, passa dalla miscela del caffè e in breve tempo il caffè è pronto.

13 Abbina gli inviti e le risposte

① Ciao Martina,
vieni alla mia festa sabato pomeriggio?
Arianna

② Caro Pietro,
vieni al cinema mercoledì alle tre?
Sandro

③ Susanna,
puoi venire a fare shopping con me sabato pomeriggio?
Lorena

④ Lorenzo,
sei libero domenica sera?
Andiamo in discoteca?

☐ Vorrei venire, ma non ho soldi!
Facciamo un'altra volta

☐ Grazie per l'invito!
A che ora è la festa?

☐ Mi dispiace, non so ballare!
Posso venire lo stesso?

☐ Mi dispiace, ma alle tre devo studiare

202

Parole importanti

Parole varie

canditi	peel
la mandorla	almond
la nascita	birth
la nocciola	hazelnut
la pressione	pressure
pronto	ready
uvetta	raisin
vecchietta	old woman

Verbi

permettere	to allow
salire	to go up

I verbi

Regular verbs

	PARLARE	SCRIVERE	DORMIRE	PREFERIRE
io	parlo	scrivo	dormo	preferisco
tu	parli	scrivi	dormi	preferisci
Lei/lui/lei	parla	scrive	dorme	preferisce
noi	parliamo	scriviamo	dormiamo	preferiamo
voi	parlate	scrivete	dormite	preferite
loro	parlano	scrivono	dormono	preferiscono

In this volume you have learned the following irregular verbs in -are

	ANDARE	FARE	STARE
io	vado	faccio	sto
tu	vai	fai	stai
Lei/lui/lei	va	fa	sta
noi	andiamo	facciamo	stiamo
voi	andate	fate	state
loro	vanno	fanno	stanno

In this volume you have learned the following irregular verb in -ire

	USCIRE
io	esco
tu	esci
Lei/lui/lei	esce
noi	usciamo
voi	uscite
loro	escono

In this volume you have learned the following irregular verbs in -ere

	ESSERE	AVERE	VOLERE	POTERE	DOVERE	SAPERE	BERE
io	sono	ho	voglio	posso	devo	so	bevo
tu	sei	hai	vuoi	puoi	devi	sai	bevi
Lei/lui/lei	è	ha	vuole	può	deve	sa	beve
noi	siamo	abbiamo	vogliamo	possiamo	dobbiamo	sappiamo	beviamo
voi	siete	avete	volete	potete	dovete	sapete	bevete
loro	sono	hanno	vogliono	possono	devono	sanno	bevono